W0064749

SPEICHERSTADT
UND HAFENCITY

EGBERT KOSSAK

SPEICHERSTADT UND HAFENCITY

ELLERT & RICHTER VERLAG

Inhalt

HafenCity – vor Jahren noch ein Tabu, heute das meistdiskutierte Projekt der Hamburger Stadtentwicklungspolitik. Für Hamburgs Stadtplaner war es ein dornenreicher Weg, bis die ersten Richtfeste am Sandtorkai und am Grasbrookhafen gefeiert werden konnten. Für die Hafenwirtschaft und das hoch angesehene Amt für Strom- und Hafenbau, das 2005 in der Hamburg Port Authority aufgegangen ist, sicherlich ein schmerzlicher Abschied vom Geburtsort des Hamburger Hafens, dem Großen Grasbrook.

Von über achthundert Jahren Stadtgeschichte auf dieser Insel zwischen Stadt und Fluss, dem Großen Grasbrook, soll hier erzählt werden. Zwischen Alstermündung und Grasbrook erhielt 1189 der kleine Umschlagplatz zu Füßen der Hammaburg die Weihen eines Handelshafens mit Stapelrecht. Der Bau der ersten modernen Hafenbecken und der Speicherstadt auf dem Großen Grasbrook war eine der Ursachen für den grandiosen Aufstieg von Stadt und Hafen gegen Ende des neunzehnten Jahrhunderts. Und hier wurden um 1965 die Folgen der Einführung des Containers in das System der Transportlogistik zu Wasser und zu Lande zuallererst spürbar. Wie überall in den Hafenmetropolen rund um den Erdball lagen auch in Hamburg die innenstadtnahen Hafengebiete in dieser Zeit zunehmend brach. Den Abschluss dieser Phase bildet der Bau der HafenCity, mit der die Hansestadt sich einer großen städtebaulichen und stadtpolitischen Herausforderung stellt.

Am Anfang der heutigen Entwicklung steht die Idee, die Rückgewinnung oder auch die Neugestaltung einer lebendigen, vielgestaltigen Stadtfassade zum großen Strom zu erarbeiten.

Der Begriff der Perlenkette mit Brosche steht für diese Vision. Die Perlen sollten einzelne Bauprojekte entlang der etwa fünf Kilometer langen Elbuferpromenade von Hammerbrook bis Övelgönne sein. Das Kulturzentrum Deichtorhallen, das Verlagshaus Gruner + Jahr am Baumwall, das Hotel Hafen Hamburg mit den neuen Landungsbrücken, der Altonaer Fischmarkt mit Fischauktionshalle, das stilwerk und das Stadt-

lagerhaus, der Kreuzfahrtterminal am Fischereihafen und die Uferbebauung in Neumühlen sind inzwischen fertiggestellt. Den Höhepunkt der städtebaulichen Gesamtentwicklung zwischen Deichtormarkt und Neumühlen bildet heute die Hafen-City. Eng verbunden mit Hamburgs Innenstadt entsteht zwischen Speicherstadt und Norderelbe ein höchst lebendiger neuer Stadtteil. Büros, Wohnungen, Kultureinrichtungen, vielfältige Gastronomie und eine im Aufbau befindliche Einkaufsmeile zwischen St. Annen und dem Kreuzfahrtterminal Hafen-City bilden für Touristen und Hamburger und Hamburgerinnen einen zukunftsfähigen Stadtteil.

Egbert Kossak

Speicherstadt und HafenCity auf einen Blick. Sehr schön ist die Lage des neuen Stadtteils zwischen dem Zollkanal und der Elbe zu erkennen. Im Vordergrund links dominiert der Neubau des SPIEGEL-Verlages die Szenerie. Er setzt den Kontrapunkt gegen den großen Baukörper der noch im Bau befindlichen Elbphilharmonie am rechten oberen Bildrand.

Mit einem grausigen, von vielen Legenden umrankten Ereignis trat am 21. Oktober 1400 der Grasbrook in das Licht der Hamburger Stadtgeschichte. Auf den feuchten Marschwiesen (Brook) vor der Altstadt, dem Großen Grasbrook, wurden der Seeräuber Klaus Störtebeker und dreißig seiner Kumpane geköpft. Ein Jahr später folgte die Enthauptung des noch gefürchteteren Anführers der Seeräuber, Godeke Michels, und dreiundsiebzig seiner Männer, in gleicher Zeremonie und unter großer Anteilnahme, vor allem der weiblichen Hamburger Bevölkerung. Die zunächst wechselseitig von Dänemark und Schweden, vom mecklenburgischen Adel und später den Ostfriesen als Kaperer tatkräftig unterstützten Vitalienbrüder – so nannte der Volksmund die Seeräuber, weil sie die Kriegsparteien mit erbeuteten Lebensmitteln (lat. Viktualien) versorgten –, waren zu einer ernsthaften Gefahr für den Hamburger Hafen und den Hamburger Handel geworden.

Gegen Ende des vierzehnten Jahrhunderts machten sie die Elbmündung unsicher. Sie waren eine starke Truppe von gut eintausendfünfhundert Seeräubern mit Stützpunkten von Helgoland bis Cuxhaven. Hamburg musste handeln und schickte im Jahr 1400 eine eigene Kriegsflotte unter dem Befehl des Ratsherrn Nikolaus Schoke in die Nordsee. Held der erfolgreichen Seeräuberjagd war ein junger Kaufmann und Neubürger, Simon von Utrecht. Er hatte zwei Schiffe, darunter das Flaggschiff „Bunte Kuh", auf eigene Kosten beigesteuert. Noch heute erinnert eine parallel zur Reeperbahn mitten durch St. Pauli verlaufende Straße an diesen tatkräftigen Mann.

In das folgende unruhige Jahrhundert fielen zwei wichtige politische Ereignisse. Hamburgs Bürger erzwangen 1410 eine Verfassung mit stärkeren Bürgerrechten. 1460 konnte nach vierzigjährigem Krieg endlich Frieden mit Dänemark geschlossen werden. Die Seeräuber gingen nach wie vor Raub und Plünderei nach, und der Grasbrook erlebte noch etliche Hinrichtungen. 1488 waren es gleich vierundsiebzig zum Tode

Verurteilte, die durch das Schwert ihr Leben verloren. 1528 besiegte der Kommandant des Flagschiffes einer großen Hamburger Flotte, Ditmar Koel, den Seeräuber Klaus Kniphof mit großer Mannschaft. Dieser hatte hundertzweiundsiebzig Schiffe erbeutet und erlitt auf dem Grasbrook das gleiche Schicksal wie seine Vorgänger.

Hamburg hatte sich mit dieser Schlacht für etliche Jahrzehnte von der Seeräuberplage befreit, und auf dem Grasbrook dominierte bald eine friedlichere Nutzung. Er diente als Kuhweide und vor allem als Sonntagspromenade der Bürger, die hier naturnah die Elbe und den Ausblick auf die zahlreichen Inseln des Stromspaltungsgebietes genossen. Auf fast allen Stadtansichten des siebzehnten und achtzehnten Jahrhunderts ist das fröhliche Treiben auf den Wiesen des Großen Grasbrooks vor dem Sandtor und Brooktor dargestellt.

Hamburgs Küsten- und Seehandel sieht sich allerdings im sechzehnten und siebzehnten Jahrhundert immer wieder neuen Konflikten und Angriffen ausgesetzt. Einem dieser Konflikte verdanken wir das erste, auch künstlerisch herausragende Planwerk über die Stadt, das Stromteilungsgebiet und den

Auf dem Grasbrook werden im Jahr 1400 Klaus Störtebeker und dreißig seiner Vitalienbrüder als Seeräuber hingerichtet. Ein kolorierter Holzschnitt aus späterer Zeit illustriert die Szene vor der Stadtkulisse sehr lebhaft.

Stromverlauf der Elbe von Geesthacht bis zur Mündung, das detailliert und genial in der Ausführung ist. Niemals zuvor und auch nie wieder in späteren Jahrhunderten ist der amphibische Charakter der „Metropolregion Hamburg" so treffend dargestellt worden. Die Rede ist von der berühmten zwölf Meter langen Elbkarte von 1568 des aus Flensburg stammenden Malers Melchior Lorichs. Heute ist sie in ihrer ganzen Pracht im Hamburger Staatsarchiv zu bewundern. Sie ist ein frühes und grandioses Beispiel für die Verknüpfung von Plan und Vision in einer Karte und kann so als Vorbild für eine ganze Reihe bedeutender Pläne gelten, die in den folgenden Jahrhunderten die Entwicklung von Stadt und Hafen abbilden. So ist es auch nicht verwunderlich, dass der Auftraggeber von Melchior Lorichs einer der ersten weitsichtigen und aktiv handelnden Politiker der Hansestadt war, der Syndikus Dr. Wilhelm Moller. Dieser betrieb sein Amt mit für jene Zeit ungewöhnlichen, aber höchst erfolgreichen Initiativen, wie beispielsweise der Niederlassung der „Merchants Adventurers" in Hamburg. Diese erhielten vom Senat das Zugeständnis weitgehender Zoll- und Handelsvergünstigungen, die Hamburg selbst Mitgliedern der Hanse nicht gewährt hatte. Mit Lorichs' großartiger, wenn auch zugunsten Hamburgs ein wenig überzeichneter Karte gewann Moller 1569 vor dem in Lübeck tagenden Reichskammergericht einen wirtschaftspolitisch hoch bedeutsamen Rechtsstreit um die Wahrung des alleinigen Stapelrechts Hamburgs. Die Herzöge von Braunschweig-Lüneburg hatten versucht, die Norderelbe zum Nebenarm der Süderelbe zu degradieren und die Zoll- und Stapelrechte Hamburgs zugunsten Harburgs massiv zu beschneiden. Dieser Angriff auf Hamburgs Vorherrschaft im Stromspaltungsgebiet und am Elbstrom bis zur Mündung hat den Harburgern bis heute wohl ein tief sitzendes Misstrauen aufseiten der Hamburger eingebracht. Die Entscheidung des Reichskammergerichts zugunsten Hamburgs, endgültig erst 1618 ergangen, fiel in eine Zeit dramatischer europäischer und weltpolitischer Veränderungen, die auch für die Stadtentwicklung Hamburgs prägend waren.

Columbus, Vasco da Gama, Magellan und die spanischen Konquistadoren hatten Europas Horizonte für Schifffahrt und Handel um den gesamten Erdball erweitert. Innerhalb weniger Jahrzehnte war das eingetreten, was das moderne Wort „Globalisierung" annähernd beschreibt.

Reformation und Gegenreformation brachten neue Konflikte und in ihrer Folge Kriege mit Dimensionen, die Europa seit dem Untergang des römischen Weltreiches nicht mehr gekannt hatte. Die von Italien im Quattrocento ausgehende Renaissance veränderte nicht nur das Geistesleben, die Kunst und die Wissenschaft, sondern auch die Architektur, den Städtebau und die Gestaltung und Bedeutung der öffentlichen Räume in den europäischen Städten grundlegend. Hamburgs wichtigster Beitrag lag in einer besonderen Form des Städtebaus, dem Festungsbau.

Als Viehweide und Ausflugsort, Promenade und Richtstätte wurden die Wiesen des Grasbrooks vor dem Sandtor und den Bastionen Ditmarus und Gerhardus genutzt. Ausschnitt aus einem Kupferstich von Georg Balthasar Probst aus dem Jahre 1730.

Keine Karte zeigt eindringlicher Hamburgs amphibischen Charakter im 16. Jahrhundert als die wundervolle Elbkarte von Melchior Lorichs, entstanden 1568. Auf über zwölf Metern Länge verzeichnet sie detailliert die Fahrwassermarkierungen mit hamburgischem Wappen und stellt damit die Verantwortung der Stadt Hamburg für die Elbe heraus.

Hamburg stand zu Beginn des siebzehnten Jahrhunderts nicht gerade im Mittelpunkt der politischen, geistigen, wissenschaftlichen und kulturellen Entwicklungen in Europa. Als nunmehr größte und bedeutendste Hafen- und Handelsstadt des Reiches wurde die Stadt dennoch gezwungen, in neuen Dimensionen zu denken und städtebaulich zu handeln. Unter großen Opfern der Bürger ließ ein weiser Rat zwischen 1616 und 1625 die Stadt vom holländischen Baumeister Johan van Valckenburgh zur stärksten Festungsstadt Europas ausbauen. Die Entscheidung fiel zeitlich mit der Gründung der elbabwärts gelegenen Bastion Glückstadt durch Christian IV. von Dänemark zusammen, deren günstiger – weil näher zur Elbmündung – gelegener Hafen dem Hamburger Konkurrenz machen sollte. Gleichzeitig griff Christian IV. 1618, zu Beginn des Dreißigjährigen Krieges, die Hansestadt mit Kriegsschiffen an und brachte Hamburger Handelsschiffe auf, allerdings ohne nachhaltigen Erfolg.
Valckenburghs gewaltiger Wallring mit zweiundzwanzig starken Bastionen schafft nicht nur ein hohes Maß an Sicherheit, sondern mit der nun ebenfalls vom Festungsring umschlossenen Neustadt auch dringend benötigten städtebaulichen Entwicklungsraum. Vor allem aber werden Niederhafen und Binnenhafen nun durch Bollwerke hervorragend gesichert und Teile des Grasbrooks in die Verteidigungsanlage einbezogen.
Auch der Oberhafen am Deichtor erhält eine geschützte Einfahrt. Der ursprünglich zusammenhängende Brook wird mit den neu geschaffenen Inseln Kehrwieder und Wandrahm in die Teile Kleiner und Großer Grasbrook aufgeteilt. Die innerhalb der neuen Befestigung gelegenen Inseln werden zum großen Teil besiedelt. Nur das Hochgericht mit seinen Galgen verblieb vor der Festungsmauer, als Warnung an die Besatzung der einlaufenden Schiffe.
Das Ansehen Hamburgs wuchs durch diese städtebauliche wie politische Großtat weit über die Reichsgrenzen hinaus. Auch die kaiserlich-katholischen Truppen und Söldnerhorden unter Wal-

lenstein, die mordend, plündernd und brandschatzend von Prag über Dresden die Elbe hinunterzogen, konnten Hamburg nicht einnehmen. Gegen Fremde von außen war die Stadt sicher. Konflikte und Probleme im Inneren wurden in Hamburg eher ausgesessen, bestenfalls bürokratisch verwaltet, vor allem, wenn es um Armut, Wohnungselend, Seuchen, Arbeitslosigkeit und politische, teilweise auch religiöse Obstruktionen ging. In der Regel erstickten Initiativen und Vorschläge zur Lösung sozialer Probleme im Netzwerk von Rat, Erbgesessener Bürgerschaft, Oberalten, Ämtern, Kommissionen, Deputationen und Ausschüssen. Die Erbgesessene Bürgerschaft hatte in ihrer Zusammensetzung kaum etwas mit dem heutigen Landesparlament gemein. Mitglied konnten nur männliche

Stadtansicht Hamburgs um 1660 mit dem von 1616 bis 1625 errichteten Befestigungsring, der von Johan van Valckenburgh entworfen wurde. Die neuen Wallanlagen teilten die Alster in Binnen- und Außenalster. Sie umfassten auch die bis dahin nicht besiedelte Fläche westlich der heutigen Altstadt. Hier entstand die Neustadt mit dem Kirchspiel St. Michaelis.

Bürger sein, denen frei vererbbarer, also unbelasteter Grundbesitz gehörte, die keine Steuerschulden hatten und über Vermögen verfügten. Zunächst zwölf, seit Bildung des St.-Michaelis-Kirchspiels 1685 fünfzehn Oberalte, Verwalter der Vermögen der fünf Kirchspiele, stellten das höchste Gremium und die ständige Vertretung der Erbgesessenen Bürgerschaft gegenüber dem Rat. Dieser bildete seit dem zwölften Jahrhundert das Selbstverwaltungsgremium der Stadt. Das galt bis ins neunzehnte Jahrhundert, als Hamburg den Aufbruch in das Industriezeitalter fast verschlief.

Andererseits zeichnete sich Hamburg, wie auch die Nachbarstadt Altona, in besonderer Weise durch eine offensive und liberale Einwanderungspolitik aus. Allerdings wurden bevorzugt gut ausgebildete, in lukrativen Handwerken erfahrene oder durch besondere Handelsbeziehungen privilegierte Zuwanderer aufgenommen. Von dieser Politik profitierten vor allem Niederländer und Flamen, die von der katholischen Gegenreformation als Calvinisten und Protestanten aus ihrer Heimat vertrieben worden waren.

Schiffbauer, Tuchmacher, Färber, Posamentenhersteller und natürlich Kaufleute mit guten internationalen Verbindungen siedelten sich vornehmlich auf dem Grasbrook an. Es entstand ein Stadtteil mit ganz eigenem Gepräge. Stattliche Kaufmanns- und Handwerkerhäuser mit prachtvollen Fassaden im Stil des norddeutschen Barock wurden neben vielgeschossigen Fachwerkhäusern errichtet. Die Wandrahminsel, der östliche Teil des Grasbrooks, galt bald als vornehmer Stadtteil. Der Straßenname Holländischer Brook in der heutigen Speicherstadt erinnert an diese erste gesellschaftliche und wirtschaftliche Blütezeit.

Das Gelände wurde Wandrahm genannt, weil dort die überwiegend niederländischen Tuchmacher ihrem Gewerbe nachgingen. Der Kleine Wandbereiterbrook hat seinen Namen von den Tuchmachern (Leinwandbereiter), die dort ihre Rahmen zum Trocknen aufspannten. Im gleichen Zeitraum entstand auch die Straße Pickhuben. Allerdings bleibt strittig, ob damit der Pechhaufen oder Pechhof der Schiffbauer gemeint war oder

Das prachtvolle Bürger-
haus Neuer Wand-
rahm 6, fotografiert
1882, ein Jahr vor Be-
ginn der Abbruch-
arbeiten für die Spei-
cherstadt. Die Straße
gehörte im achtzehn-
ten Jahrhundert zu
den vornehmsten im
alten Hamburg.

Blick in den Alten
Wandrahm um 1870.
Eine vornehme,
strenge Architektur
zeichnete die barocken
Bürgerhäuser aus.
Wie selbstverständlich
achteten Bauherren und
Architekten sorgfältig
darauf, dass ein harmo-
nisches Ensemble von
Gebäuden den Straßen-
raum prägte.

Am Butenkajen beim
Kehrwieder (oben) ste-
hen auch 1880 noch die
prächtigen Fachwerk-
häuser mit den typi-
schen Stufengiebeln
aus der ersten Hälfte
des achtzehnten Jahr-
hunderts.

Seltener Einblick in
eine längst vergangene
Arbeitswelt (rechts):
Speicher am Alten
Wandrahm. Foto von
Georg Koppmann, um
1885.

Die sogenannte Diener-
reihe am Brookwall
(links) erhielt ihren
Namen, weil hier die
Diener und Boten der
Bürgermeister ihre
Wohnungen und Häu-
ser hatten. Diese Rei-
henhaussiedlung des
Barock wurde 1677 er-
baut. Rechts im Hinter-
grund ist das Türmchen
der St.-Annen-Kapelle
zu sehen. Die Auf-
nahme von Charles
Fuchs entstand bereits
1860.

Ein beliebtes Motiv für
Hamburgs erste Foto-
grafen: der Holländi-
sche Brook (oben), um
1866 von Georg Kopp-
mann aufgenommen,
zeigt noch die Pracht
der Barockgiebel am
Fleet.

Das Kehrwiederviertel mit der alten Brooks-brücke, im Hintergrund der Turm von St. Katharinen (oben). Fachwerkbauten und geputzte Fassaden aus dem 18. Jahrhundert bilden hier dicht gedrängt ein schönes Ensemble. Schon wenige Jahre später fallen sie den ersten Speicherblöcken zum Opfer.

Eine Szenerie wie in Amsterdam (rechts): In der Holländischen Reihe werden schon mit schwenkbaren Eisenkränen Überseegüter in die Geschäftshäuser gehievt. Die Speicher am Neuen Wandrahm können die direkte Lage am Fleet nutzen.

Blick in den Brook, als dieser noch Herzstück des Wandrahmviertels war (gegenüberliegende Seite).

aber ob der Name eine Anspielung auf die Richtstätte auf dem Grasbrook darstellt, zu der zum Tode Verurteilte kahl geschoren mit einer „Pechhaube" zum Henker geführt wurden.
Seit 1690 hatte in Europa die Produktion von Ansichten der bedeutendsten europäischen Städte Konjunktur. Das Geschäft war höchst gewinnbringend für Verleger und Kupferstecher und zugleich Werbung für die abgebildeten Städte. Wieder war es ein Holländer, Peter Schenk, der sein Metier in Amsterdam, der europäischen Kunstmetropole des siebzehnten Jahrhunderts, erlernt hatte, der Hamburg mit einem grandiosen Blatt zu neuem Ruhm brachte. Er arbeitet nicht nur den gewaltigen Festungsring mit Alt- und Neustadt, Hafen und Binnenalster aus der Vogelperspektive eindrucksvoll heraus, er fügt darüber hinaus, beeindruckt von der Schönheit der Hamburger Elbfassade, auch eine Ansicht vom Elbstrom an, die den Schiffsverkehr auf dem Fluss ebenso liebevoll illustriert wie das weidende Vieh und die ländliche Idylle auf dem Grasbrook vor gewaltigen Festungsanlagen. Überragt wird die Szenerie von den fünf Hauptkirchen, die weit in den wolkenreichen Himmel ragen.

Die Gründung der Vorläuferorganisationen der Hamburg Port Authority, des früheren Amtes für Strom- und Hafenbau, fällt in diese wechselvolle Zeit. 1623 wird das hochrangig besetzte Admiralitätskollegium für Fragen der Schifffahrt und der Hafenverwaltung gegründet. 1715 entsteht die Elbdeputation, 1733 die Staakdeputation. Deputationen wurden aus abgeordneten Bürgern gebildet, die die Aufgabe hatten, die Arbeit des Rates zu kontrollieren und an der Leitung der Behörden mitzuwirken. Erst 1814 werden die inzwischen in zahlreiche Kommissionen und Deputationen aufgesplitterten Ämter zur Schifffahrts- und Hafenkommission zusammengefasst. An ihrer Spitze steht der Wasserbaudirektor.

Ein durchaus bemerkenswertes Ereignis jener Zeit ist die Eröffnung eines der ersten deutschen Kaffeehäuser in Hamburg im Jahre 1677. Die Erfolgsgeschichte der Wiener Kaffeehäuser beginnt erst sieben Jahre später. Die Kaffeehäuser fördern Hamburgs Ruf, nicht nur eine sichere, sondern auch eine der lebenswerten Städte Europas zu sein. Andererseits zahlt Hamburg auch immer wieder der Nachlässigkeit und Gleichgültigkeit von Rat und Bürgerschaft gegenüber massiven sozialen Problemen und Bausünden einen hohen Tribut. Ein Großbrand auf dem Grasbrook, auf dem Kehrwieder und in der Holländischen Reihe vernichtet im Jahre 1683 fast zweihundertfünfzig Häuser. Wenige Jahre später, 1714, sterben zwölftausend Menschen in der Altstadt an der Pest. Es wird noch hundertfünfzig Jahre dauern, bis die Bürgerschaft und der Senat endlich Themen wie Stadthygiene und Brandschutz als existenzielle Aufgabe erkennen.

Im achtzehnten Jahrhundert hat Hamburg endgültig die Wandlung von der Stadt an der Alster zur Hafenstadt an der Elbe vollzogen. Der Hafen erlebt einen stetig wachsenden Schiffsverkehr. In drei Hafenbereichen werden Waren und Güter für Westeuropa und Übersee nun gelöscht und verladen: zum Ersten im historischen Binnenhafen an der Alstermündung zwischen Altstadt und Grasbrook, zum Zweiten vor dem Johannisbollwerk und dem Baumwall, dort wo heute die „Rickmer Rickmers" und die „Cap San Diego" liegen, zunächst Unterhafen, später Niederhafen genannt, und zum Dritten im Oberhafen mit dem Holzhafen am Hammerbrooker Stadtdeich, wo heute der Gemüsegroßmarkt seinen Standort hat.

Die südöstliche Spitze des Großen Grasbrook markiert ein Baak, ein großes Seezeichen, das den Schiffen zur Orientierung dient. Es gibt später dem Baakenhafen seinen Namen. Die Karte von Gustav Friedrich Hartmann aus dem Jahre 1741 zeigt diese durch Sturmfluten, Ausbaggerungen und Stromregulierungen geprägte Gesamthafenlandschaft sehr eindrucksvoll. Der Plan macht aber auch deutlich, dass der Hamburger Hafen schon Mitte des achtzehnten Jahrhunderts dem wachsenden Schiffsverkehr kaum angemessene Bedingungen bieten konnte. Noch über hundert Jahre mussten Seeschiffe entweder auf Reede ankern oder an den Duckdalbenreihen im Strom festmachen. (Duckdalben sind gebündelte Rammpfähle, die tief in den Grund getrieben und in einem sorgfältigen Verband aus

Um 1690 zeichnet
der geniale Niederlän-
der Peter Schenk das
befestigte Hamburg,
schon mit Sternschanze
und Neuem Werk vor
St. Georg. Seinen Plan
ergänzt er mit einer
grandiosen Ansicht von
der Stadt und vom
Grasbrook. Die Kirch-
türme von links nach
rechts: St. Michaelis,
St. Nikolai, St. Kathari-
nen, St. Petri, Dom,
St. Jacobi.

Im Jahre 1741 entsteht der künstlerisch wohl schönste Plan der Hansestadt, gezeichnet von Gustav Friedrich Hartmann. Gut sind die Wandrahmen der Tuchmacher vor dem Brooktor und dem Steintor zu erkennen. Die Südostspitze des Großen Grasbrooks wird bereits durch ein Baak markiert, das später dem Baakenhafen seinen Namen gab.

behauenen Hölzern und Eisenbändern selbst kräftigsten Stö-
ßen der Schiffe Widerstand entgegensetzen können.)

Das Löschen und Laden musste von Hand oder mit dem Ge-
schirr der Schiffe erfolgen, indem man die Rah oder den Groß-
baum als Kran benutzte. Über das stetig verbesserte Wasser-
straßensystem in der Altstadt erfolgte mit Schuten und Ewern
die Versorgung der Stadt und die Belieferung der an den Fleeten liegenden Speicher. Für Massengüter wie Kohle wurden
schwimmende Lager auf aneinandergebundenen Schuten gebildet. Der technische Fortschritt des Industriezeitalters hatte
Hamburg noch nicht erreicht. Es war daher kein Wunder, dass
das erste mit Kohle befeuerte Dampfschiff „The Lady of the
Lake", das am 17. Juni 1816 qualmend und pfeifend auf der Elbe
erschien, nicht nur gewaltiges Staunen, sondern auch düstere
Vorahnungen auslöste, weil damit die große Zeit der Windjam-
mer zu Ende zu gehen schien. Dies hinderte die Hamburger
nicht, rückhaltlose Bewunderung für das technische Können
der Briten zu zeigen. Es war schick, „British minded" zu sein.
Das sollte gut zwanzig Jahre später Folgen haben, als geniale
Ingenieure nach dem Großen Brand von 1842 für den Wiederaufbau der Stadt und für den Hafenbau benötigt wurden.

Die achtziger Jahre des achtzehnten Jahrhunderts hatten Hamburg noch einmal einen unerwarteten, aber sehr beträchtlichen
Handelsaufschwung gebracht. Das britische Monopol für den
Nordamerikahandel war 1783 aufgehoben worden. Die Hansestadt hatte sich durch frühe Anerkennung des nordamerikani-
schen Staatenbundes auf den neuen Markt gut vorbereitet. Insbesondere das Handelshaus Voght und Sieveking erzielte in
kurzer Zeit riesige Gewinne. Die Verbindungen mit Russland
und Nordosteuropa wurden ausgebaut und intensiviert. Hamburg wurde wichtigster kontinentaler Bank- und Wechselplatz.
Doch die Blüte währte nur kurz. Den Begehrlichkeiten und
dem Expansionsdrang Frankreichs mit seinem Kaiser Napoleon
Bonaparte konnte die Stadt sich nur wenige Jahre entziehen.
Durch die Handelssperren von und nach England kam der
hamburgische Seehandel fast völlig zum Erliegen. Mehr als

dreihundert Schiffe lagen abgetakelt im Hafen, viele Handels-
häuser verließen Hamburg oder gingen bankrott. Im November
1806 wurde Hamburg durch Napoleons Truppen besetzt. Erst
acht Jahre danach, am 30. Mai 1814, verließen die letzten fran-
zösischen Truppenteile wieder die Stadt. Der Handel und das
Gemeinwesen waren ruiniert. In der Bevölkerung herrschte
größte Not.
Um 1820 wurden große Teile der Stadtbefestigung abgetragen
und die so gewonnenen Erdmassen zur Aufhöhung tiefer gelegener Gebiete am Hafen und auf dem Grasbrook genutzt.
Nach dem Beitritt zum Deutschen Bund erhielt Hamburg 1819
den offiziellen Stadtnamen „Freie und Hansestadt Hamburg".
Für ihr gesamtes Territorium war ihr damit der Status eines
Freihandelsgebietes zuerkannt worden. Aber Stadt und Hafen
erholten sich nur langsam von der Wirtschaftskrise. Hamburg
kam auch nach Abzug der Franzosen 1814 nicht zur Ruhe: An-
tisemitismus, Korruption, Vetternwirtschaft, massive Konflikte

Am 18. März 1813
befreiten russische
Truppen die Stadt von
Napoleons Soldaten.
Die Kontinentalsperre
hatte die gesamte
Schifffahrt lahmgelegt,
erst nach Napoleons
endgültiger Niederlage
im Frühjahr 1814
konnte der freie Waren-
verkehr wieder aufge-
nommen werden. Kosa-
ken auf dem Jungfern-
stieg, Aquatintablatt von
Christoffer Suhr.

zwischen Großkaufleuten und dem Mittelstand sowie dem Kleinhandel beunruhigten die Bürger. Die überholten Strukturen der Ämter sowie die extremen Privilegien für die Handwerksmeister führten zu einer fast revolutionären Stimmung. Tumulte brachen aus. Die anachronistische Torsperre, die Hamburg den Stadtzoll erhalten und den unbefugten Import auswärtiger Handwerksprodukte verhindern sollte, sowie eine restaurative Stimmung standen der technischen und gesellschaftlichen Entwicklung einer modernen Handels- und Hafenstadt massiv entgegen. Besonders bemerkenswert ist, dass Hamburg schon um 1840 die mit großem Abstand am dichtesten besiedelte Großstadt in Europa war. Über einhundertfünfzigtausend Menschen lebten auf der nur 2,9 Quadratkilometer großen Fläche innerhalb der Stadtmauern. Das ergab über fünfzigtausend Bewohner auf den Quadratkilometer, eine Dichte, die auch von Hongkong oder Shanghai dieser Tage nicht erreicht wird. Hamburg zählt heute etwa zweitausendvierhundert Einwohner pro Quadratkilometer. Schon fünfzig Jahre vor Fertigstellung des ersten Bauabschnitts der Speicherstadt im Jahre 1888 herrschten in der Alt- und Neustadt unerträgliche Lebensverhältnisse. Sie standen in geradezu absurdem Gegensatz zu den Eindrücken, die viele der Maler, Dichter und Denker, die nach 1814 in die Hansestadt gekommen waren, zu romantischen Idealisierungen verleitet hatten.

Stadt Hamburg an der Elbe Auen, wie bist du stattlich anzuschauen! Mit deiner Türme Hochgestalt und deiner Schiffe Mastenwald. Heil über dir, Heil über dir, Hammonia, Hammonia, o, wie so herrlich stehst du da!

„... aber das wahrhaft Schöne, das ist Neapel ..., die Umgebung von Dresden, die zerstörten Mauern Leipzigs, die Elbe (unter Rainville) bei Altona, der Genfer See und so weiter." So feiert der Schriftsteller Stendhal (1783–1842) im Jahre 1835 in seinem Roman „Leben des Henri Brulard" die Landschaft und die Bau- und Gartenkultur Hamburgs und Altonas. Er stellt das Bild der Städte im Stromspaltungsgebiet von Alster und Elbe den damals schönsten Stadtansichten Europas gleich.

Einige Jahre früher hatte Albert Gottlieb Methfessel Hamburgs vaterländische Hymne, das Hammonia-Lied, komponiert. Den Text dazu hatte Georg Nicolas Bärmann beigesteuert. Die Hymne idealisiert noch einmal das Bild, das Hamburg über

drei Jahrhunderte, von der Elbe über den Großen Grasbrook betrachtet, für jeden einfahrenden Seemann geboten hatte, ehe die Industrialisierung und der Bau der Speicherstadt eigene Zeichen setzten.

Hamburg war mit seinen hochragenden Kirchtürmen und den unzähligen Masten der Segelschiffe im Hafen tatsächlich prächtig anzuschauen. Doch kam es am 5. Mai 1842 zur Katastrophe. Vier Tage lang brannte die Stadt, ob als Folge der latenten Feuergefahr aufgrund der Überdichte der Bebauung oder wegen vorsätzlicher Brandstiftung aus spekulativen Gründen, wird wohl ewig ungeklärt bleiben. Ein Viertel der Bebauung innerhalb der Mauern fiel den Flammen zum Opfer. Die Katastrophe war zugleich auch die Chance, die dringend erforderliche Modernisierung der Stadt endlich in Angriff zu nehmen. Die völlig überbevölkerten „Gängeviertel" am Hafenrand hatte der Brand verschont, sie mussten noch fünfzig Jahre auf ihre Modernisierung warten.

Spekulative Brandstiftung oder Unglück? Hamburgs dicht bebaute Altstadt wurde im Mai 1842 Opfer des Großen Brandes, der gut ein Viertel der Stadt in Schutt und Asche legte.

31

Um 1860 zeichnet
Wilhelm Heuer den
Blick von der obersten
Etage der Elbwasser-
kunst – heute Hotel
Hafen Hamburg – über
den Stintfang auf den
Jonashafen und die an
den Duckdalben in
drei Reihen liegenden
Segelschiffe vor dem
Kehrwieder. Ein frühes
Dampfschiff hat an
den Landungsbrücken
festgemacht.

Blick über Hamburgs Binnenhafen vom Kehrwieder. Kein Blatt von Wilhelm Heuer zeigt eindrücklicher die Enge und auch die Vielfalt des Hafenlebens vor dem Bau neuer leistungsfähiger Hafenbecken und Umschlaganlagen auf dem Großen Grasbrook.

Am Vormittag des 11. August 1866 flogen auf dem Grasbrook Hunderte von Zylindern in die Luft, Hochrufe erschallten, und aus unzähligen rauen Männerkehlen erklang Hamburgs Nationalhymne, die Hammonia.

Senatoren, Mitglieder der Bürgerschaft, Beamte, Reeder, Spediteure, Kaufleute und Vertreter der Hamburg-Berliner Eisenbahngesellschaft feierten die Eröffnung des Sandtorkais und damit des ersten Hafenbeckens im Grasbrook. Es war das vorerst glückliche Ende einer über vierzig Jahre währenden Auseinandersetzung über den Ausbau des Hamburger Hafens.

Ein halbes Jahrhundert war vergangen, seit das erste Dampfschiff auf der Elbe aufgetaucht war. Während die konkurrierenden englischen Häfen schon seit 1802 ihren Modernisierungsprozess eingeleitet hatten, begann die Diskussion um die Zukunft Hamburgs und seines Hafens mit einem Plan des damaligen Wasserbaudirektors Waltmann um 1828. Er schlug noch unter dem Eindruck der Sturmflut von 1825 als Erster den Bau mehrerer Hafenbecken im Großen Grasbrook vor.

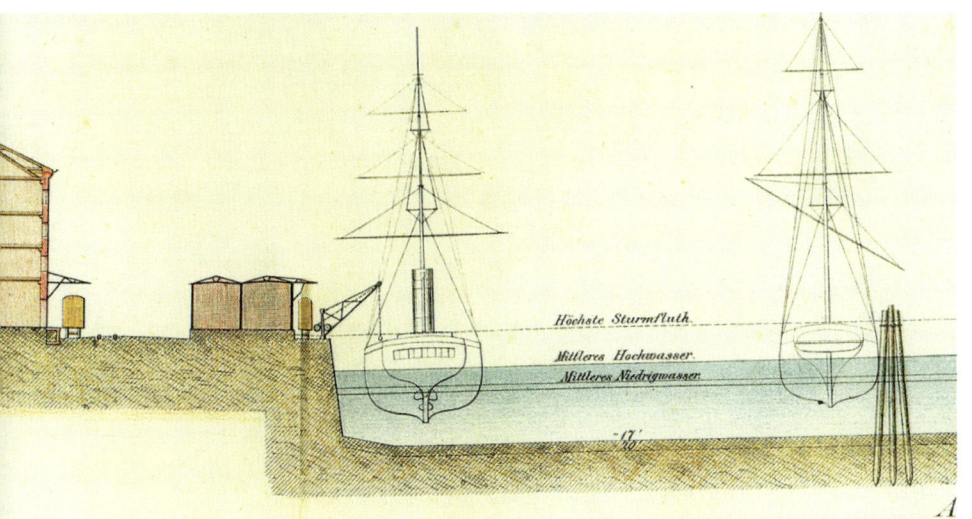

Höchste Sturmfluth.

Mittleres Hochwasser.
Mittleres Niedrigwasser.

Nach englischem Vorbild sollte der Grasbrook eingedeicht und als Dockhafen angelegt werden.

Ähnlich wie bei den ersten Konzepten für die HafenCity, die 1988 vorgelegt wurden, reagierte der Senat auch damals auf den wichtigen Entwicklungsanstoß erst neun Jahre später. Nach Aufhebung der von Napoleon verhängten Kontinentalsperre 1814 hatte sich das jährliche Schiffsaufkommen kurzfristig von 2200 international verkehrenden Seeschiffen mit 171 000 RT (Registertonnen) um ein Drittel auf 236 000 RT erhöht. Allerdings war nicht zu übersehen, dass sich zwischen 1825 und 1837 gleichzeitig die Zahl der Dampfschiffe von nur zwei auf gut dreihundert vervielfacht hatte.

In Hamburg wachten Politik, Verwaltung sowie Hafen- und Seewirtschaft plötzlich im Industriezeitalter auf. Man kann die Entwicklung dieser neuen Transporttechnik, der Einführung der Dampfschiffe für Hafen- und Strombau im ersten Drittel des neunzehnten Jahrhunderts, mit der Einführung des Containers im See- und Landtransport um 1965 gleichsetzen. Wenig später revolutionierte der Bau der ersten Eisenbahnen den Landtransport.

Das erste „Profil" des späteren Dalmannkais mit den geplanten Becken des Sandtor- und des Grasbrookhafens, gezeichnet vom Lithografen Charles Fuchs um 1865.

Schnelles Handeln war gefordert. Und es war nicht verwunderlich, dass der erste Auftrag für einen Hafenerweiterungsplan an einen englischen Ingenieur namens Charles Vignoles ging. Sein weitreichendes Konzept überforderte allerdings den Senat, die Bürgerschaft und die Commerzdeputation. Der Engländer schlug nicht nur vor, die Festungsbastion am Johannisbollwerk abzubrechen und damit den Niederhafen auszubauen, sondern auch im Gelände des Großen Grasbrooks eine neue große Hafenanlage mit mehreren Hafenbecken und mit Speichern an ihren Kais anzulegen. Noch kühner war seine Empfehlung, diese neue Anlage an die Eisenbahn anzuschließen. Die revolutionären Pläne des englischen Ingenieurs verschwanden schnell in den Schubladen der zuständigen Behörden. Man beschränkte sich auf die Verstärkung und den teilweisen Neubau von Kaimauern am Jonashafen, am Sandtorhöft und am Johannisbollwerk. Die Erbgesessene Bürgerschaft lehnte 1844 die vorgeschlagenen Einzelbaumaßnahmen ab und forderte erstmals ein Gesamtkonzept für den Ausbau des Hafens. Als Begründung wurden die „steigenden kommerziellen Bedürfnisse" angeführt.

Nun betrat der seit 1838 mit seinem Ingenieurbüro in Hamburg tätige englische Ingenieur William Lindley die Bühne. Er hatte in Hamburg bereits die Anlage der Hamburg-Bergedorfer Eisenbahn, die Besielung des Brandgebietes beim Wiederaufbau, den Bau der Gasanstalt auf dem Grasbrook und die Entwässerung des Hammer Brooks initiiert. Später, um 1855, baute Lindley auch noch die erste Dampfbadeanstalt am Schweinemarkt. Mit diesen Projekten hatte er sich Ansehen und viel Einfluss in der Hansestadt erworben. Lindley konnte auch seinen Londoner Kollegen James Walker hinzuziehen. Gemeinsam mit dem damaligen Wasserbaudirektor Hübbe legten die Ingenieure 1845 einen Hafenplan als „Bericht über ihre Untersuchungen betreffend die Verbesserung des Hafens zu Hamburg und dessen Erweiterung mittels Benutzung des Grasbrooks" vor. Ihr Vorschlag umfasste auch die Eindeichung der Stadt zur Sicherung von Menschen und Gütern gegen Sturmfluten. Trotz der Forderung der einflussreichen Com-

William Lindley war als Ingenieur maßgeblich am Wiederaufbau Hamburgs nach dem Großen Brand 1842 beteiligt. Kohlezeichnung von Kurt Kranz nach einer historischen Fotografie, 1955.

merzdeputation, die Pläne unverzüglich umzusetzen, wurde weiterhin viel beraten, aber weder entschieden oder gar gehandelt. Die geplanten Ausbauten unterblieben. Zumindest folgte der Senat dem Vorschlag, die Pachtverträge im Bereich des Hafenerweiterungsgeländes auf dem Grasbrook nur in extremen Ausnahmefällen zu verlängern. Somit gelang es allmählich, die vollständige Verfügungsgewalt über diese exponierte Fläche für eine Hafenerweiterung zu erlangen.

Die Weichen für die Zukunft waren damit gestellt. Wie aber sollte diese große Aufgabe bewältigt werden? Würde Hamburg den englischen Vorbildern folgen und den Hochwasserschutz für Stadt und Hafen mit einer umfassenden Einkleidung ausbauen und damit durch Schleusen geschützte Hafenbecken errichten, oder sollten die Hafenbecken dem bei Ebbe und Flut wechselnden Wasserstand der Elbe ausgesetzt bleiben? Sollte Hamburg weiterhin Tidehafen bleiben? An dieser Frage schieden sich die Geister. Schließlich setzte sich der neue Wasserbaudirektor Johannes Dalmann durch. Er hatte energisch für die Konzeption des Tidehafens gekämpft. Das war eine mutige Entscheidung, die noch heute von großer Bedeutung ist. Die Kais und Hafenbecken im Hamburger Hafen waren und sind für Seeschiffe rund um die Uhr anlaufbar.

1863 kam es zur endgültigen Verabschiedung des neuen Hafenplans. Endlich konnten die Hafenerweiterungen auf dem Großen Grasbrook mit dem Bau des Sandtorhafens und den Vorarbeiten für den Grasbrookhafen beginnen. Der Sandtorkai sollte an das Eisenbahnnetz der Hamburg-Berliner Eisenbahngesellschaft angeschlossen werden. Ein kleineres Hafenbecken im Osten des Grasbrooks, der spätere Brooktorhafen, war für den Binnenschiffsverkehr vorgesehen. Wer aber würde die Regie über den Umschlag aus den Schiffen auf den Kai und in die landseitigen Transportmittel übernehmen? Denn neben dem Bau der neuen Hafenbecken und Kais benötigte man auch ein grundsätzlich neues System der Hafenlogistik, mit dem Umschlag, Lagerung und Verteilung, Weitertransport mit der Eisenbahn oder mit Binnenschiffen Hand in Hand gehen sollten.

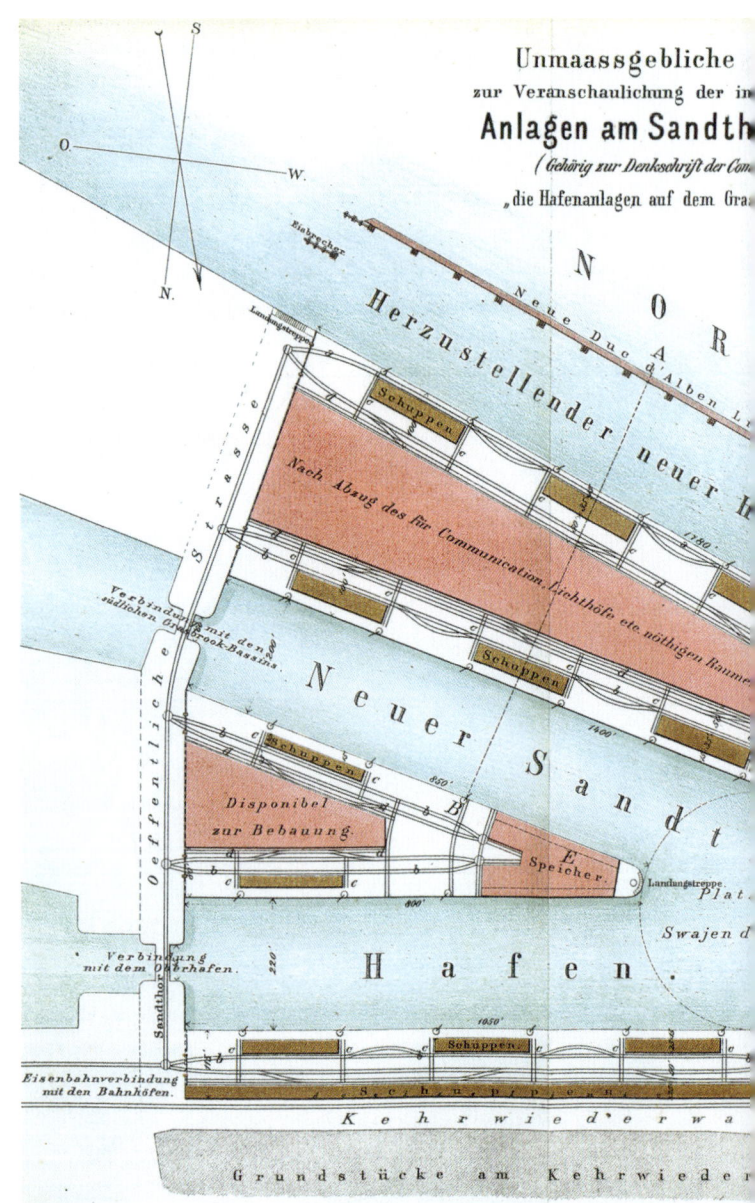

gen
gebrachten

en etc.

über

1858).

Erläuterung.

Die Lage der Eisenbahn mit ihren Weichen und Drehscheiben in Bezug auf die Stellung der Krähne und Lagerräume etc. ist derartig angenommen, daß folgenden Bedingungen genügt werden kann.

1) Für diejenigen Waaren welche direct vom Schiff auf die Eisenbahn-Wagen zum Versand ins Inland verladen werden, dienen die Geleise a.a. auf dem Elbquai, der Krahn setzt in diesem Falle die Waare unmittelbar auf den Eisenbahnwagen.

2) Im Allgemeinen wird die Waare vor dem Versand zu wägen sein; der Krahn legt in diesem Falle die Waare in den Schuppen oder auf ein Perron vor den Schuppen. Die Waare geht über die im Schuppen stehende Waage, und wird erst dann auf den Eisenbahnwagen gebracht dessen Boden in gleicher Höhe mit dem Boden der Schuppen liegt. Zum Eisenbahnversand dienen am Elbquai die Schienen a., an den Quais um den Sandthorhafen die Schienen b.

3) Sollen solche Waaren, welche der Witterung nicht ausgesetzt werden dürfen, kürzere Zeit lagern, so setzt der Krahn die Waaren in den Schuppen, von wo dieselben entweder wie ad 2. auf den Eisenbahnwagen verladen, oder mit gewöhnlichem Fuhrwerk abgeholt werden können, oder endlich, falls eine längere Lagerung im Speicher gewünscht wird, auf den Quer-Schienen c. nach dem Speicher transportirt werden.

4) Solche Waaren, welche nur kurze Zeit lagern sollen, werden von dem Krahn auf den Quai gesetzt und lagern auf den freien Räumen zwischen den Schuppen.

5) Waaren endlich, deren längere Lagerung von vorn herein bestimmt ist, werden sogleich in die Speicher gebracht. Solche Waaren setzt der Krahn auf einen offenen Eisenbahnwagen, welcher auf den Schienen c. die Verbindung zwischen Krahn und Speicher vermittelt. Die Böden dieser Wagen liegen in gleicher Höhe mit dem Perron. Der Wagen wird je nach Umständen entweder direct unter die Windevorrichtung oder an den Perron gebracht um entladen zu werden. Zum Transport der Waaren von den Speichern nach dem Bahnhofe dienen die Geleise d.

6) Für solche Waaren, welche direct vom Schiff auf den Speicher gefördert werden sollen, sind (siehe EE.) auch noch einzelne Speicher (eventuell mit offenen Colonnaden) bis unmittelbar an den Quairand vorgerückt.

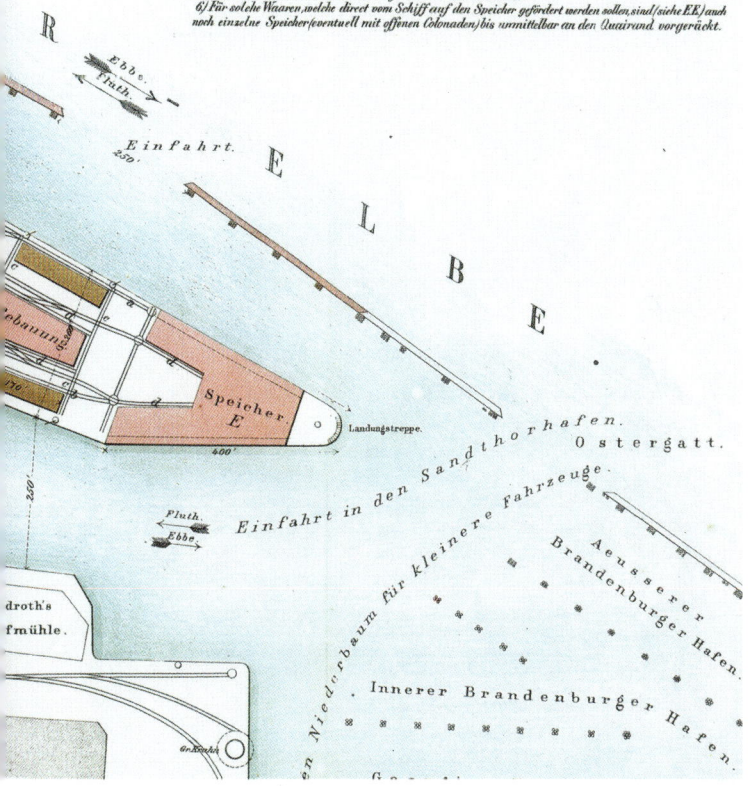

Der erste, allerdings nicht ausgeführte Plan für die Anlage des Sandtorhafens wurde von der Commerzdeputation 1858 vorgelegt. Interessant sind die zur „Bebauung disponiblen Flächen", die von privaten Handelshäusern genutzt werden sollten.

Der Kaiserkai und der Sandtorkai am Sandtor-hafen, vom Brooktor aus gesehen und von Wilhelm Heuer im Jahre 1872 gezeichnet. Das Milieu dieses ersten modernen Hamburger Hafenbeckens wirkt noch recht idyllisch.

Sehr schön lässt sich die schnelle Entwicklung der Hafenerweiterungspläne gegenüber dem „Profil" auf den Seiten 36/37 erkennen. Um 1888, also zwanzig Jahre später, zeigen Zollkanal, Speicherbauten, Brücken und Kräne eine technisch und künstlerisch bis ins Detail ausgearbeitete Gesamtanlage. Der Querschnitt zeigt den Bereich Mattentwiete, Brooksbrücke, Kehrwiedersteg bis zum Sandtorkai.

Dabei ging es auch um die erwarteten großen Geschäfte. Schon 1863 war die magische Zahl von einer Million RT an Schiffsvolumen, das den Hamburger Hafen anlief, überschritten worden. Der Siegeszug der Dampfschiffe war nicht mehr zu stoppen. Allerdings war Hamburgs Weg zu einem der führenden europäischen Seeschiffhäfen immer noch weit. So hatten Liverpool und London um 1865 den sechsfachen Umschlag im Vergleich zu Hamburg zu verzeichnen. Selbst ein auch damals unbedeutender Hafen wie Hull lag mit seinem Warenumschlag deutlich über demjenigen Hamburgs.

Den letzten Anstoß zur Ausführung des Hafenplans für den Grasbrook hatte 1863 eine massiv formulierte Denkschrift der Commerzdeputation, der späteren Handelskammer, gegeben. Mit ihrem Vorschlag, an den Kais flache Umschlagschuppen zu errichten und dahinter fünfgeschossige Lagerhäuser zur Aufbewahrung und Sortierung ganzer Schiffsladungen, nahm die Commerzdeputation die Konzeption der späteren Speicherstadt vorweg. Deputation, Rat und Bürgerschaft folgten der Forderung der Denkschrift, den Kaiumschlagsbetrieb zu einem staatlichen Monopol zu machen. Die Eisenbahn erhielt einen

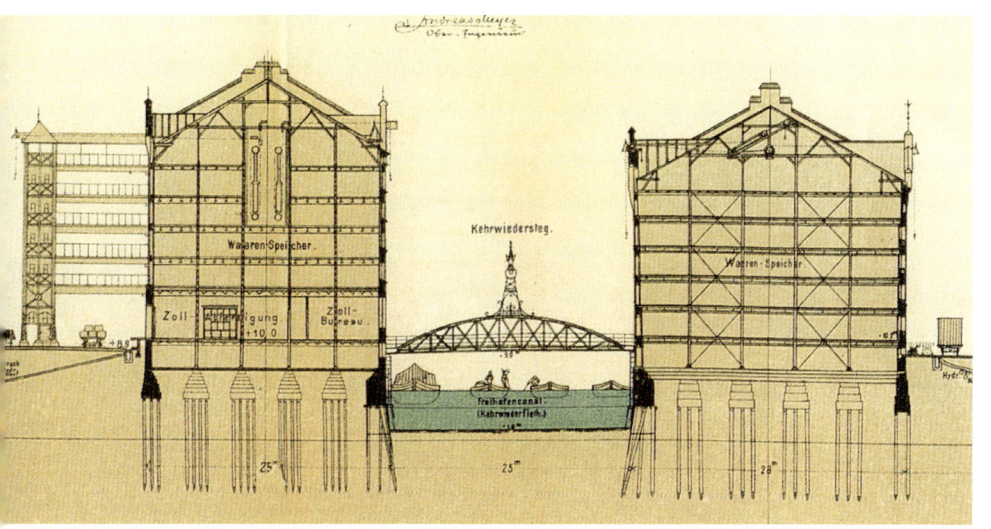

jährlich zu verlängernden Pachtvertrag für alle gleisbezogenen Umschlag- und Transportvorgänge. Auf Wunsch des Senats gründete, allerdings erst 1885, die Norddeutsche Bank die Hamburger Freihafen-Lagerhaus-Gesellschaft als Aktiengesellschaft. Bereits zwanzig Jahre zuvor hatte der umsichtige Wasserbaudirektor Dalmann durchgesetzt, dass Wartung, Aufsicht und Betrieb der neuen Hafenanlagen der Verantwortung einer staatlichen „Kaiverwaltung" übertragen wurden. Aus beiden wurde 1935/1939 die Hamburger Hafen- und Lagerhaus-Aktiengesellschaft, HHLA, gebildet. Sie ist als Hamburger Hafen und Logistik AG noch heute Hausherrin der Speicherstadt.

Nach der feierlichen Eröffnung des neuen Hafens im Jahre 1870 vergingen nur drei Jahre, bis der Senat den Bau des wohl prominentesten und berühmtesten Speicherbaus in Auftrag gab. Auf der Spitze zwischen Sandtor- und Grasbrookhafen, weit in den Strom hineinreichend, sollte der „Kaiserspeicher" als Kaispeicher A entstehen. 1873 wurde grünes Licht für ein imposantes Bauwerk gegeben, das bis zur Teilzerstörung im Zweiten Weltkrieg Wahrzeichen für Hamburgs Hafen und Schifffahrt war. „Kehrwieder" wurde das in neugotischem Stil

Der Kaiserspeicher
zwischen Dalmannkai
und Strandkai mit
Blick in den Sandtor-
hafen. 1875 wurde
der Kaiserkaispeicher,
wie er ursprünglich
hieß, in Betrieb genom-
men und mit seinem
Turm und Zeitball
schnell zum Wahr-
zeichen des Hamburger
Hafens.

Eisenbahn-Gitterbrücken verbanden seit 1872 Hamburg und das südliche Hinterland. David Martin Kannings farbige Darstellung mit den eindrucksvollen Turmportalen, die leider 1957 abgerissen wurden.

reich detaillierte und dekorierte Bauwerk mit dem Zeitball auf dem hohen Eckturm genannt. Den Namen hatte der Volksmund vom nördlich des Sandtorhafens liegenden Kehrwiederhöft entlehnt. Allerdings steht der Name nicht für einen Abschiedsgruß, sondern bezeichnete schlicht eine Sackgasse.

Der Kaiserspeicher wurde im Todesjahr des für die Hafenentwicklung bis heute bedeutendsten Wasserbaudirektors Johannes Dalmann fertiggestellt. Dalmann ist nicht nur die Entscheidung für den Tidehafen zu verdanken, sondern auch der große Umbau des Grasbrooks zum modernen stadtnahen Hafenkomplex. Auch der erst sechs Jahre nach seinem Tod 1875 fertiggestellte Magdeburger Hafen und der Kirchenpauerkai sind Ergebnis seiner Arbeit. Auf seine Anregungen hin wurde der Standort der ersten Brücke für die Eisenbahn über die Norderelbe östlich des Baakenhafens vor Entenwerder bestimmt. Die 1872 eingeweihte erste Elbbrücke begrenzte die Hafenentwicklung für alle Zeiten nach Osten.

Der englische Ingenieur William Lindley, unbestrittener Star der technischen Stadtentwicklung in den vierziger und fünfziger Jahren des neunzehnten Jahrhunderts, zeichnet auch für den Bau der ersten wichtigen Energieversorgungseinrichtung Hamburgs verantwortlich. Er entwarf das Gaswerk auf der Südecke des Großen Grasbrooks, dem heutigen Standort des Kreuzfahrtterminals.

1844 hatte die private englische „Gas-Compagnie" ein dreißigjähriges Monopol für die Gasversorgung der Stadt erhalten. Die erste Gasanstalt wird 1846 durch den Neubau von Lindley ersetzt und zum Stammsitz von „Hein Gas", wie die Hamburger ihre Gaswerke nannten. Die Kirche St. Katharinen erhält 1856 Hamburgs erste Gasheizungsanlage. 1870 beträgt das Leitungsnetz schon zweihundertvierzig Kilometer und versorgt neuntausend Gaslaternen. 1878 wird der größte Gasbehälter Europas gebaut. Das gute Geschäft mit der Gasversorgung lässt die Stadt sich nicht entgehen und nimmt 1874 die Gasversorgung in eigene Regie. Trotz starker Zerstörungen im Zweiten Weltkrieg bleibt das Gaswerk auf dem Grasbrook nach einer Grunderneuerung im Jahre 1953 bis 1976 Schwerpunkt der Hamburger Gasproduktion. Die große Sturmflut von 1976 zerstört die Kokerei weitgehend und führt zur Stilllegung des Werkes. Es wird durch ein Heizkraftwerk der HEW ersetzt, das 1998 den Plänen für die HafenCity weichen muss.

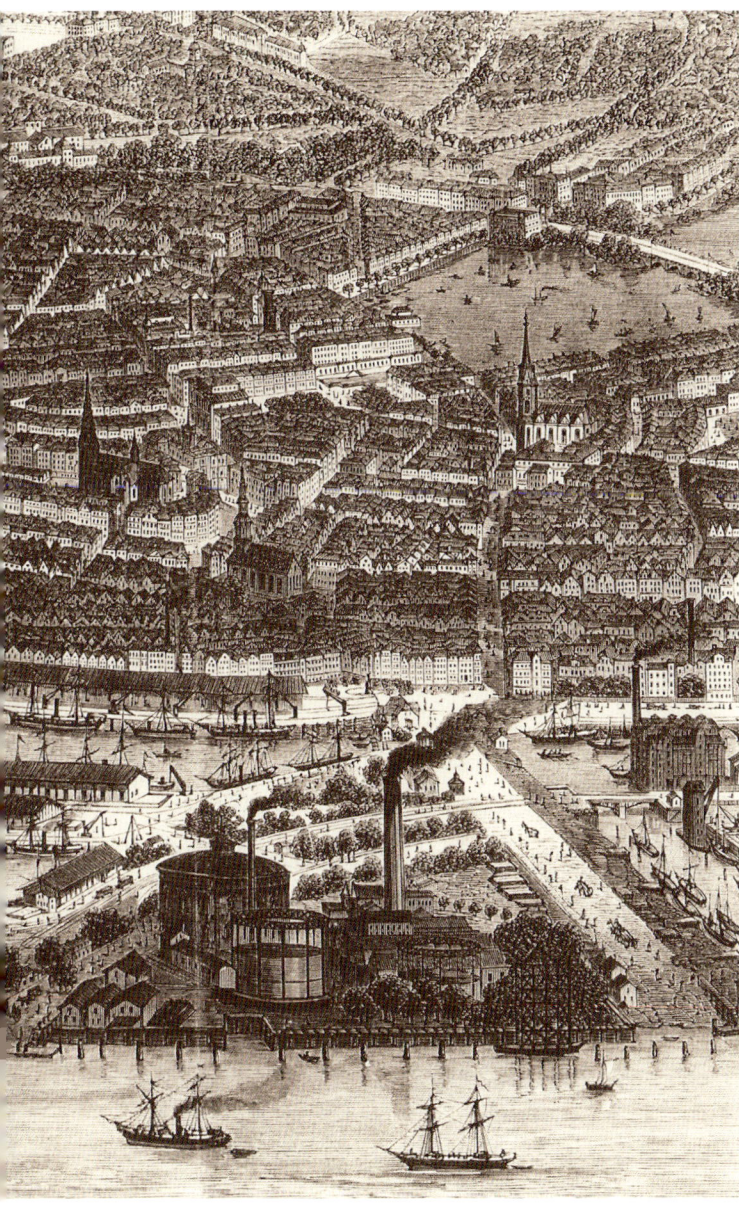

Kaum vorstellbar, dass diese Vogelschau von 1878/79 vom Grasbrook aus einem Ballon skizziert und dann im Atelier detailliert ausgeführt wurde. Die beiden großen neuen Hafenbecken werden von den markanten Bauvolumen des Kaiserspeichers im Westen, des Kaispeichers B im Osten und der Gasanstalt im Süden gerahmt.

Um das Jahr 1900
boomt das Postkarten-
geschäft mit Hafen-
motiven. Schiffe, Kai-
anlagen und Verlade-
vorgänge werden
umfassend dokumen-
tiert. Oben die Verla-
dung von Bierfässern
am Versmannkai.

Von 1852 bis 1976 ist
das Gaswerk, das zwi-
schen Strandkai und
Magdeburger Hafen
liegt, auf dem Großen
Grasbrook in Betrieb
(rechts).

Am Grasbrookhafen werden Nussbaumhölzer aus Übersee gelöscht (oben).

Viehverladung am Sandtorkai. Tausende von Schuten wurden für den Transport zwischen Schiffen, Speichern und Stadt eingesetzt (links).

Die Zollgrenze bei der
Brooksbrücke war
architektonisch wie die
Zufahrt zu einer roman-
tischen Schlossanlage
inszeniert.

Weitverzweigt war das
Netz der Fleete in
der Altstadt, auf denen
aus der Speicherstadt
und den Seeschiffhäfen
die Güter zu den ein-
zelnen Handelshäusern
transportiert wurden.

Transport von Kaffee in Säcken vom Strandkai in die Speicherstadt (oben).

Über einhundertfünfzig Jahre wurde der Kaffee aus Mittel- und Südamerika in Säcken gehandelt, die hier auf Schuten zum Weitertransport verladen werden (links).

Im Jahre 1866 hatte erst das entschlossene Eingreifen von Senator Carl Petersen den Hamburger Senat überzeugt, dass eine neutrale Haltung der Stadt in der kriegerischen Auseinandersetzung zwischen den Großmächten Österreich und Preußen weder politisch noch wirtschaftlich ratsam sei. Nur an der Seite Preußens habe Hamburg eine Chance, weiter als „Freie Stadt" agieren zu können. Hamburg stellte sich an die Seite Preußens, des späteren Siegers, und trat am 15. Mai 1867 dann auch dem Norddeutschen Bund bei, der mit Preußen eine Großmachtstellung erlangte, jedoch durch die Hansestädte Weltgeltung erhielt. Dennoch war Hamburgs Stellung als einheitliches Freihandelsgebiet keineswegs gesichert. Der Zollanschluss an das Reich nach 1871 war unausweichlich.

Seit April 1880 standen sich in Berlin zwei für Hamburg und das Deutsche Reich hochbedeutsame Politiker streitbar gegenüber. Reichskanzler Otto von Bismarck und der Senator und spätere Bürgermeister Johannes Versmann. Der Reichskanzler hatte Hamburgs Freihafenstatus infrage gestellt. Demgegenüber kämpfte Senator Versmann als Hamburgischer Gesandter beim Bundesrat um handels- und wirtschaftspolitische Vorteile für Hamburg, ohne den Zollanschluss an das Reich infrage zu stellen – eine Schicksalsfrage von allergrößter Bedeutung. Versmann hatte Erfolg.

In einem vertraulichen Gespräch mit dem zuständigen, in Hamburg ansässigen Kaiserlichen Zollinspektor Klostermann erfuhr er eher beiläufig, wie sehr Bismarck an einer gütlichen Einigung mit Hamburg interessiert war und dass das Reich sich die Einigung auch etwas kosten lassen würde. In Zahlen bedeutete dies vierzig Millionen Mark Zuschuss für den ersten Bauabschnitt des neuen Freihafens auf dem Grasbrook. Da konnten auch Senat und Bürgerschaft nicht widerstehen. Es ging nur noch darum, aus der Freihafenstadt ohne Gesichtsverlust eine Stadt mit Freihafen werden zu lassen.

Am 25. Mai 1881 unterzeichneten in Berlin Vertreter Hamburgs und des Reiches den Vertrag über die Modalitäten, unter

welchen der Zollanschluss Hamburgs an das Deutsche Reich erfolgen sollte. Darin sicherte sich Hamburg das Recht, die Grenzen eines Freihafengebietes nördlich und südlich des Elbstroms selbst festzulegen. Für die Hansestadt war damit ihre Zukunft als Welthafen gesichert.

Der gesamte Grasbrook mit dem Wandrahmviertel, in dem immer noch gut zwanzigtausend Menschen wohnten, und die südlich von Hamburg gelegenen Elbinseln zwischen der Veddel und dem Köhlbrand wurden in das Freihafengebiet einbezogen. Auf diesem Areal konnten Werften, Warenlager und Industrieanlagen errichtet werden. Ihre Produkte blieben zollfrei. Der Zollanschluss der Hansestadt war auf den 15. Oktober 1888 festgelegt worden. Am 29. Oktober 1888 sollte der Kaiser am neu geschaffenen Zollkanal in einer groß ausgestatteten Zeremonie, die Hollywood alle Ehre gemacht hätte, den Schlussstein zum Freihafen setzen. Bis zu diesem Zeitpunkt stand Hamburgs Politik, Verwaltung und Wirtschaft eine Auf-

Das Baustellenfoto aus dem Jahre 1886 zeigt, dass die Speicher der ersten Bauphase, hier der Speicherblock H, reine Eisenskelettkonstruktionen waren. Von den Bauarbeitern wurde artistisches Können verlangt.

gabe bevor, wie sie nur mit dem Festungsbau dreihundertfünf-
zig Jahre zuvor vergleichbar war. Innerhalb von sieben Jahren
mussten alle Anlagen und Bauwerke für den Freihafen, also
auch der erste große Bauabschnitt der Speicherstadt, fertiggestellt werden. Zeit für die in Hamburg üblichen langwierigen
Beratungen, Kontroversen und Entscheidungsfindungen blieb
nicht. In aller Eile wurden zwölf alternative Projekte mit etlichen Varianten erarbeitet, bis man entscheidungsfähig war.
Vor allem der renommierte Reeder Robert Miles Sloman jr. forderte eine Lösung für den Speicherbau, der den Abriss des
Kehrwiederviertels und des Westteils des Wandrahmviertels
mit über sechstausend Bewohnern vermied. Ein deutliches In-
diz dafür, wie schwer es war, sich auf einen Generalplan zu einigen, ist die nur mit acht zu sieben Stimmen gefasste Entscheidung des Senats für das modifizierte Projekt XII C. Die
Mehrheit der Bürgerschaft plädierte jedoch für ein deutlich
teureres und konsequentes Projekt, das schon ein Jahr zuvor
favorisiert worden war und den vollständigen Einschluss des
Kehrwieder-/Wandrahmviertels in den Freihafenbezirk vorsah.
Es sollte die damals unvorstellbare Summe von 123 Millionen
Mark kosten. Politisch waren damit die Weichen für den Bau
des westlichen Teils der heutigen Speicherstadt gestellt. Über
zwanzigtausend Menschen mussten dem Freihafen weichen.
Nun waren die Ingenieure und Baumeister gefordert. Heute ist
den Speicherbauten nicht anzusehen, dass sie in Rekordge-
schwindigkeit geplant und gebaut wurden.
Der Bau der Speicherstadt fiel zeitlich mit zwei sehr konträren
Entwicklungen zusammen. Einer wirtschaftlichen Blütezeit
durch den schnell wachsenden Überseehandel standen massive soziale Probleme und innenpolitische Konflikte, ausgelöst
durch eine heute kaum noch vorstellbare Verelendung großer
Teile der Bevölkerung, gegenüber.
Hamburgs Aufstieg zum Welthafen begann mit der Unabhän-
gigkeit der spanischen und portugiesischen Kolonien in Südamerika um 1830. Zudem intensivierten sich die Handelsver-
bindungen mit Ostindien, China, Japan und Australien. Die

Blick in ein Gängevier-
tel kurz nach 1900. Für
den Fotografen Paul
Wutcke unterbrachen
die Bewohner und
Passanten des Großen
Bäckergangs einen Mo-
ment lang ihren ge-
schäftigen Alltag.

Die bescheidenen An-
fänge einer Weltfirma:
die Urwerft von Blohm
+ Voss im Jahre 1877. In
dem Holz-Fachwerkge-
bäude entstanden die
Maschinenanlagen für
42 Neubauten.

Der Reeder Carl Hein-
rich Laeisz dehnte die
geschäftlichen Aktivitä-
ten der Reederei Laeisz
immer stärker auf den
Reederei- und Versiche-
rungssektor aus.

Kaufleute Godeffroy, Laeisz, Merck und andere gründeten 1847
die „Hamburg Amerikanische Packetfahrt-Actien-Gesellschaft",
die HAPAG. So unterhielt Hamburgs Flotte bald enge Verbindungen nach Süd- und Mittelamerika, beflügelt auch durch die
Gründung der „Hamburg-Südamerikanischen Dampfschiff-
fahrtsgesellschaft" 1871. Die 1884 gegründete Woermann-Linie
befuhr Westafrika, und die Deutsche Ost-Afrika-Linie baute
Handelsbeziehungen mit diesen Regionen aus. Die deutschen
Kolonien Togo, Kamerun, Deutsch-Ostafrika und Samoa boten
durch die bald dort ansässigen Kontore und Plantagen Hamburger Unternehmen günstige Handelsvoraussetzungen. Die
Hamburger Flotte umfasste um 1870 bereits dreihundertfünf-
zig Dampf- und etwa dreihundert Segelschiffe. Der Schiffbau
blühte. 1877 war die Werft Blohm + Voss GmbH gegründet
worden. Hamburgs Industrie boomte.

Vor allem Importwaren wie Leder, Jute, Wolle, Reis, Tabak,
Kakao, Farbstoffe, Salpeter, Gummi, Holz und Asbest wurden
verarbeitet. Verbrauchsgüter wie Bier, Likör, Margarine, Fisch-
konserven und Raffineriezucker wurden mit großem Erfolg
produziert und exportiert. Hamburg war führend in der Her-
stellung von Segeln, Tauen, nautischen Instrumenten, Schiffs-
motoren, Ankern, Ketten und Verpackungsmaterial.

Das Werbeplakat der
Deutschen Ost-Afrika-
Linie aus dem Jahre
1900 ist ein prächtiges
Zeugnis der von Ham-
burg ausgehenden Han-
dels- und Passagier-
schifffahrt.

8605 Tote forderte die Choleraepidemie von 1892. Das Foto oben zeigt einen der Leichentransportwagen, die während der Seuche ständig im Einsatz waren.

Warnanschläge warnen während der Cholera-epidemie vor dem Verzehr von ungekochten Lebensmitteln.

Bekanntmachung.

Vor dem Genuß ungekochter Speisen, namentlich ungekochten Elb- und Leitungs-Wassers sowie ungekochter Milch wird dringend gewarnt.

Hamburg, den 1. September 1892.

Die Cholera-Commission des Senats.

Dem wirtschaftlichen Aufschwung stand indes eine veraltete Verfassung gegenüber, die praktisch noch immer an den Interessen eines plutokratischen Systems orientiert war. Von republikanischem und demokratischem Geist war in Hamburg wenig zu spüren. Von den 454 000 Einwohnern Hamburgs durften 1880 immerhin 103 000 ihre Stimme zur Reichstagswahl abgeben, aber nur 22 000 konnten an der Bürgerschaftswahl teilnehmen. Die Altstadt war zu dieser Zeit in großen Teilen ein Slum mit Wohnverhältnissen, wie wir sie heute nicht einmal aus den Metropolen der sogenannten Dritten Welt kennen. Der europaweit renommierte Seuchenarzt Professor Robert Koch, der im Auftrag der Berliner Regierung die Wohnviertel und -höfe in der Altstadt inspizierte, schrieb: „... Ich habe noch nie solche ungesunden Wohnstätten, Pesthöhlen und Brutstätten für jeden Ansteckungskeim angetroffen wie in den sogenannten Gängevierteln am Hafen." Sein niederschmetterndes Fazit: „Ich vergesse, dass ich mich in Europa befinde."

Die katastrophalen Wohnverhältnisse führten im August 1892 zu einer Choleraepidemie von bis dahin ungekannten Ausmaßen. Siebzehntausend Erkrankungen und achttausendsechshundert Tote waren innerhalb von zwei Monaten zu verzeichnen. Der Kaiser sprach von „faulem Schlendrian, der in Hamburg herrsche", und erwog, Hamburg unter Reichsvormundschaft zu stellen. Seit 1822 hatte es sieben Choleraepidemien gegeben, ohne dass Senat oder Bürgerschaft das Problem der verheerenden hygienischen Verhältnisse in der Altstadt ernst nahmen. Die Epidemie von 1892 hatte aber neben den menschlichen Tragödien auch ernsthafte wirtschaftliche Folgen. Sie brachte der Schifffahrt und dem Hafen jahrelang schwere Einbußen, die sozialen Konflikte im Hafen verschärften sich. Die Arbeitszeiten betrugen zwölf bis vierzehn Stunden, der Tageslohn belief sich auf kaum drei Mark.

Am 21. November 1896 begann ein Streik der Schauerleute, zwei Wochen später schlossen sich die übrigen Hafenarbeiter an. Im Hafen funktionierte praktisch nichts mehr. Bald befanden sich sechzehntausend Arbeiter im Ausstand. Auslöser war nicht nur die massive Unterbezahlung, sondern auch die Umsiedlung der überwiegend im Sandtorviertel und auf dem Kehrwieder lebenden Hafenarbeiter. In Winterhude, Barmbek, Horn, Billwerder und Rothenburgsort mussten sie höhere Mieten zahlen und längere Wege zur Arbeit, die man damals noch zu Fuß zurücklegte, in Kauf nehmen. So hatte der Bau der Speicherstadt schon lange vor ihrer Vollendung einen sehr hohen sozialen Preis gefordert, ein Umstand, der in der Begeisterung für das einmalige Ensemble leicht vergessen wird. Das kann und soll die ungeheure technische und materielle Leistung, die das Bauvorhaben darstellte, nicht schmälern.

Die endgültige Standortentscheidung für das neue Lagerhausquartier war im Frühjahr 1883 gefallen. Die zu erwartenden Gesamtkosten des ersten großen Bauabschnittes waren politisch abgesegnet. Die Leitung der Bauarbeiten übernahm Oberingenieur Franz Andreas Meyer. Ihm zur Seite standen Wasserbaudirektor Christian Nehls und Baudirektor Carl Johann Christian Zimmermann. Doch ihr Baugrundstück war keine grüne Wiese, sondern ein dicht bewohnter Stadtteil mit langer Geschichte. Prachtvolle barocke Bürgerhäuser und teilweise schon recht marode Fachwerkbauten mussten in kurzer Zeit niedergelegt werden. Zunächst aber mussten die über vierhundertfünfzig Grundeigentümer enteignet und abgefunden werden. Ohne Entschädigung wurde die überwiegend arme Wohnbevölkerung „ausgesiedelt".

Franz Andreas Meyer: verantwortlich für das städtebauliche Gesicht Hamburgs auf dem Weg zur Metropole.

Für die Planung, die Kostenermittlung und Finanzierung sowie die Bauausführung der Speicherbauten, der Straßen, Fleete und Brücken verblieben nur knapp fünf Jahre. Selbst unter heutigen technischen Bedingungen wären Logistik und Durchführung dieses Bauvorhabens eine Meisterleistung. Es musste für die rechtzeitige Produktion, den Zuschnitt und die Anlieferung der Baumaterialien, der Eisenträger, schmiedeeisernen Stützen, Holzbalken und Fußbodenbohlen in unterschiedlichen Dimensionen, der starken eichenen Gründungspfähle, der Treppenhäuser und Hebegeräte, der Ziegel und Formsteine und der Kupferplatten für die Dächer gesorgt wer-

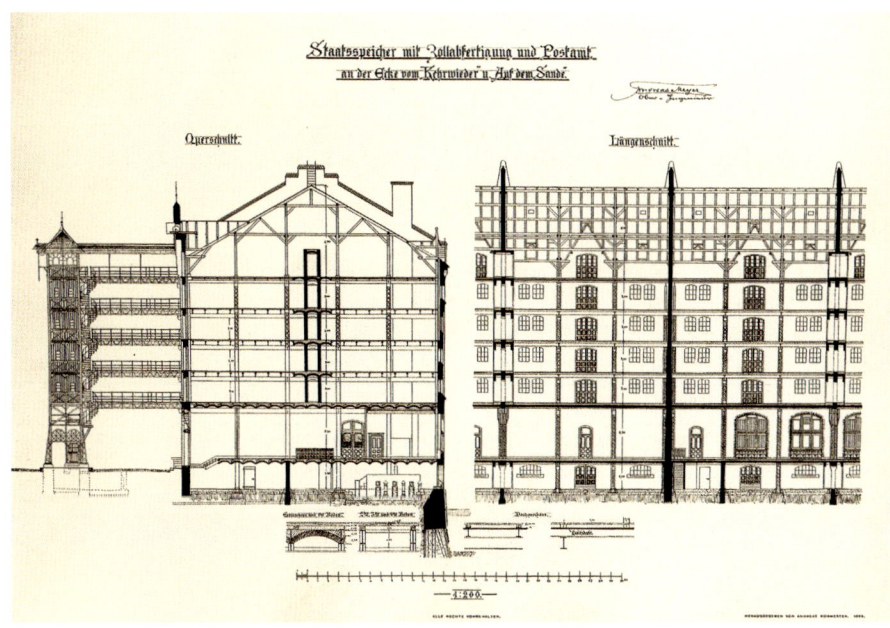

Querschnitt und Längsschnitt durch den Staatsspeicher an der Ecke von Kehrwieder und Auf dem Sande tragen die eigenhändige Unterschrift von Oberingenieur Franz Andreas Meyer. Besonders markant herausgearbeitet sind das weit abgesetzte Rettungstreppenhaus und der hohe Dachstuhlraum.

den. Der Zeitplan war vorgegeben. Wenn im Oktober 1888 der Kaiser eintreffen würde, musste das Gesamtprojekt fertiggestellt sein. Wir sollten heute also nicht nur der städtebaulichen und architektonischen Qualität der Anlage, sondern vielmehr auch der Leistung ihrer technischen Erstellung höchste Anerkennung zollen.

Die Speicherbauten waren in ihrer Höhe durch die Reichweite der damals verfügbaren Feuerwehrleitern begrenzt. Daraus ergab sich ein Spielraum für fünf bis sieben Geschosse mit einer durchschnittlichen Höhe von drei Metern. Der Erdgeschossfußboden musste auf der Höhe der Ladeflächen der Pferdefuhrwerke und der Eisenbahnwaggons liegen. Das Erdgeschoss selbst war meist der Nutzung als Kontor vorbehalten und hatte eine repräsentative Geschosshöhe von vier Metern. Die jeweils oberen Geschosse wurden häufig bis weit in die Dachräume hinein ausgeweitet, um interne Hebeanlagen, Haspelwinden oder hydraulische Winden aufzunehmen.

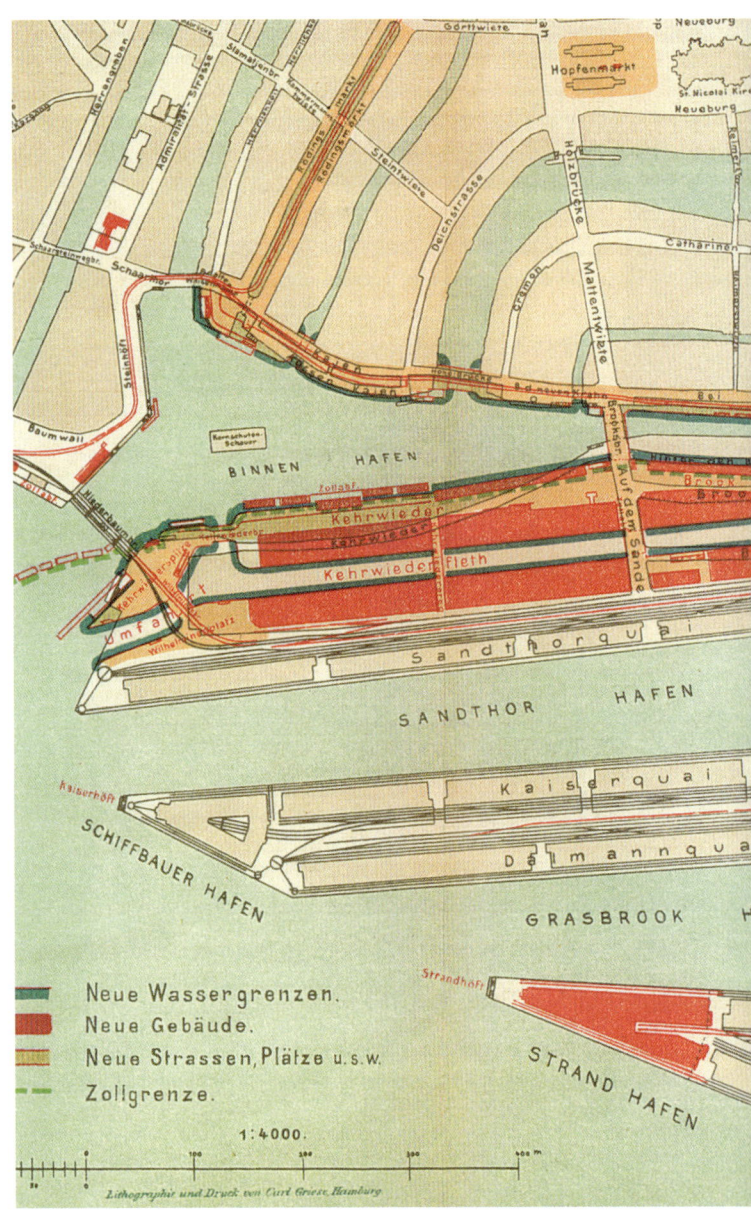

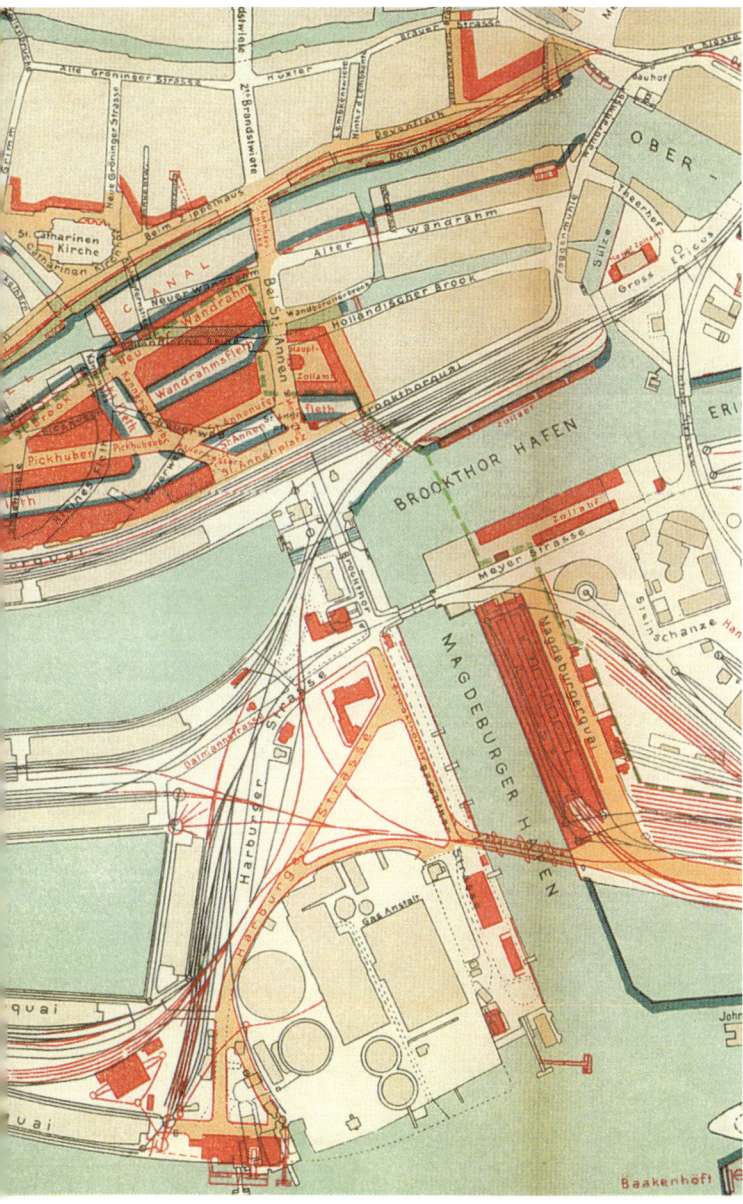

Der Plan von 1883 stellt
weitgehend schon die
Neuordnung des Kehr-
wiederviertels und der
Wandrahminsel für den
Bau der Speicherstadt
und die Anlage des
Zollkanals als städte-
bauliche Konzeption
dar. Nur im Osten von
St. Annen verbleibt
ein Rest der Bebauung
aus dem 17. und 18.
Jahrhundert.

Im Jahre 1892 haben
die Lithografen Gries
und Urban diesen
wundervollen Stich des
Hafens und der Spei-
cheranlagen nach dem
Zollanschluss her-
gestellt. Kein Detail
fehlt in dieser zeichne-
rischen Ovation an
Hafen und Schifffahrt.

Aus einem Fenster des Kaispeichers B, dem sogenannten Silospeicher, fotografierte Georg Koppmann um 1900 die Speicherblöcke am Sandtorkai und die Schuppen am Sandtorhafen mit ihren berühmten Dampfkränen.

Die Vielfalt der konstruktiven und architektonischen Details zeigt dieses um 1900 entstandene Foto vom Treppenturm des Stadtspeichers am Kehrwieder, mit den Torbauten der Brooksbrücke und den Schuppen am Zollkanal.

Die einzelnen Böden und Geschosse hatten eine heute kaum noch vorstellbare Tragfähigkeit von eintausendachthundert Kilogramm pro Quadratmeter. Nur so konnten die Lasten der bis unter das Dach hochgestapelten Waren, wie die schweren Kaffee- und Rohzuckersäcke sowie Kautschuk, bedenkenlos gelagert werden. Um die Erreichbarkeit der Speicher sowohl für Eisenbahn und Fuhrwerke von Land als auch für Schuten und Ewer vom Wasser aus zu gewährleisten, mussten die Planer neben der Verbreiterung des Binnenhafenkanals zum neuen Zollkanal auch ein neues Fleet im Westteil, das Kehrwiederfleet, und zwei parallele Fleete im Ostteil der Speicherstadt anlegen, das Wandrahmfleet und das Holländische Brookfleet. Erst dieses Bauen zwischen Wasserwegen und Straßen erlaubte die hohe Funktions- und Leistungsfähigkeit der Speicherstadt.

Es war eine gewaltige Anzahl von Gebäuden, die hier in kürzester Zeit erstellt werden mussten. Dreißig bis fünfunddreißig Meter tief waren die Speicher und von in Hamburg zuvor nie gesehener Länge von teilweise fast dreihundert Metern. Das Tragesystem war ein Eisenskelett, das die über Jahrhunderte übliche Holzfachwerkbauweise zur Gewährleistung der hohen Traglasten ersetzte. Heiß diskutiert wurde die äußere Gestaltung der Speicher. Die Backsteinbauweise war charakteristisch für die Stadtspeicher an den Fleeten und Kanälen der Altstadt. Der sogenannte neugotische Stil mit norddeutschen Eigenarten wurde in der Gründerzeit, also im letzten Drittel des neunzehnten Jahrhunderts, für viele öffentliche Bauten wie Kirchen, Postämter, Schulen und Rathäuser bevorzugt. Es lag also durchaus nahe, auch für die in ihrer Dimension neue, höchst repräsentative Bauaufgabe den Stil der neugotischen Backsteinarchitektur einzusetzen.

Der Oberingenieur der Hamburger Baudeputation, Franz Andreas Meyer, dem die Leitungsfunktion für den Bau von Straßen, Fleeten und Speichern übertragen worden war, besaß nicht nur ein herausragendes Organisationstalent, sondern fühlte sich zugleich als Baukünstler. Er hatte an der polytechnischen Lehranstalt in Hannover studiert und war dort Schüler

73

Das Brooksfleet mit
dem Speicherblock M
und der hydraulischen
und elektrischen
Zentralstation. Das ehe-
malige Kessel- und
Akkumulatorenhaus
dient nach dem Umbau
im Jahre 2001 heute als
Informationszentrum
zur HafenCity.

des sehr einflussreichen Professor Conrad Wilhelm Hase gewesen, des Begründers der neugotischen Hannoverschen Schule. Der Stil dieser Schule zeichnete sich, wie der Hamburger Oberbaudirektor Fritz Schumacher später bissig bemerkte, „durch eine Überfülle gelehrt erdachter Motive, die bald zur Konvention wurden und von der natürlichen Entwicklung des Backsteinmaterials abbogen", aus. Aber Meyers Einfluss war so groß, dass bei ihren Planungen für die Speicherstadt auch die mit ihm zusammenarbeitenden Architekten sich stilistisch ganz auf die Neugotik hannoverscher Prägung einstellten. Meyer hatte sämtliche Entwürfe für die Speicherstadt in technischer und künstlerischer Hinsicht zu beurteilen. Entworfen hat er mit seinen engen Mitarbeitern allerdings nur das heute als Ausstellungsraum für die HafenCity genutzte Kesselhaus mit der Maschinenzentralstation am Sandtorkai und den Staatsspeicher in der östlichen Hälfte von Block D am Kehrwieder. Der überwiegende Teil der Entwürfe lag in der Verantwortung des Baubüros der Hamburger Freihafen-Lagerhaus-Gesellschaft. Hier arbeitete ein Team von fünfzehn Ingenieuren, vierundzwanzig Architekten und Zeichnern sowie dreiundzwanzig Bauaufsehern.

Für den großen Koordinator F. A. Meyer war die von ihm diktierte Architektur zweckmäßig, einfach und solide. Er war der Auffassung, dass die Formen des Backsteinbaus in neugotischer Ausprägung „sich den konstruktiven Anforderungen für die großen Zweckbauten am besten anschließen". Heute beeindruckt uns, was Meyer nur als zusätzlichen Schmuck ansah, die fast malerisch anmutende Gliederung der Speicherblöcke durch die vertikalen Lukenzonen und Dacherker, unter denen die Winden für die Speicherkräne eingebaut waren, und die Anreicherung des Backsteinmauerwerks mit Schmuckverbänden und keramischen Ornamenten, Glassteinen und Sandsteinfiguren. Als „gigantisches Schatzkästlein der Hamburger Wirtschaft" stellt der Kunsthistoriker Hermann Hipp es treffend dar.

Der baukünstlerischen Qualität war allerdings die Qualität der Baukonstruktion nicht immer ganz ebenbürtig. Schon 1892

Schon wenige Jahre
nach der Fertigstellung
brennt 1892 der Spei-
cherblock A. Die unge-
schützten Eisenkon-
struktionen glühten
durch die Hitze des
Feuers aus, und die
Tragsysteme stürzten
ein (oben).

Um 1895 war die von
zwei Dampfmaschinen
angetriebene Lastfähre
noch immer die
schnellste Verbindung
über die Elbe zum
Kleinen Grasbrook und
nach Steinwärder
(links).

brannte der Kaiserspeicher, 1896 brannten zwei weitere Speicher bis auf die Fundamente ab. Die Eisenkonstruktionen glühten bei den Bränden schnell aus und brachten die Tragsysteme zum Einsturz. Allerdings wurden alle drei Speicher in verbesserter Innenkonstruktion, aber mit ursprünglicher Außenfassade schnell wieder aufgebaut.

Der zum Besuch des deutschen Kaisers im Oktober 1888 fertiggestellte erste Bauabschnitt erwies sich schnell als zu klein. Der gesamte Ostteil der Wandrahminsel bis zur Poggenmühle am Oberhafen wurde in das Freihafengebiet einbezogen und die Speicherstadt in zwei Zeitstufen, von 1890 bis 1895 und von 1900 bis 1927, erweitert. Allmählich ist ein Umschwung in der Architektur zu bemerken. Der nordöstliche Speicherblock W zeigt schon eindeutige Bezüge zur Kontorhausarchitektur in der südlichen Altstadt. 1902/03 erhält die Speicherstadt ihr „Rathaus". Architekten sind drei Baumeister, die auch am Original in der Innenstadt ihr Können unter Beweis gestellt hatten, Johannes Grotjan, Bernhard Hanssen und Emil Meerwein.

Dieser Bau, der besonders repräsentativ wirken sollte, wurde im Stil der deutschen Frührenaissance errichtet. Bis heute ist das Verwaltungsgebäude Bei St. Annen 1 der Sitz der Hamburger Hafen und Logistik AG (HHLA), die 1935 als Hamburger Hafen- und Lagerhaus-Aktiengesellschaft Nachfolgerin der Hamburger Freihafen-Lagerhaus-Gesellschaft (HFLG) wurde.

Über der faszinierenden Geschichte der städtebaulichen und hafentechnischen Entwicklung der Speicherstadt werden die Menschen, die den Betrieb des Hafens mit ihrer Arbeit erst möglich machten, oft vergessen. Schauerleute, Kaiarbeiter, Ewerführer, Kesselreiniger und Speicherarbeiter waren überwiegend Gelegenheitsarbeiter. Sie wurden kurzfristig für das Beladen oder Löschen eines Schiffes angeheuert und mussten sich anschließend nach neuer Beschäftigung umsehen. Die Unregelmäßigkeit der Schiffsankünfte, der saisonale Charakter der Hafenarbeit, Wind und Wetter, Ebbe und Flut sowie Schwankungen der Konjunktur brachten jeden Tag neue Un-

Die historisierende Architektur der Speicherstadt zeigt sich aufs Schönste beim St.-Annenfleet, am Sitz der Hamburg Hafen und Logistik AG (HHLA). Links der Turm von St. Katharinen.

sicherheit. Die Hafenunternehmen mussten daran interessiert sein, auch in Spitzenzeiten über genügend Arbeitskräfte verfügen zu können. Folge war die dauernde Überfüllung des Arbeitsmarktes. Schon frühmorgens standen Tausende auf eine Heuer wartende Hafentagelöhner am Baumwall vor den Hafenkneipen. Hier wurde die Arbeit vermittelt und abends bezahlt. Wer eine gute Zeche machte, wurde bevorzugt behandelt. Bestechung und Günstlingswirtschaft waren an der Tagesordnung.

Eine besondere Rolle in der Speicherstadt spielten die Quartiersleute. Sie waren Spezialisten für die Lagerhaltung und sind für die Handel treibenden Kaufleute bereits im achtzehnten Jahrhundert tätig gewesen. Der Quartiersmann ist der Fachmann für die Qualitätssicherung und die korrekte Behandlung der ankommenden und abgehenden Waren. Die Quartiersleute waren in familienähnlichen Personen-Compagnien von drei bis vier Personen zusammengeschlossen. Die bekannte Firma Ockelmann & Consorten gehörte zu den ersten. Die Gesellschaftsform „& Consorten", die auf das englische Verb „to consort", sich vereinigen, zurückzuführen ist, gab und gibt es nur in Hamburg. Quartiersleute heben sich durch ihren besonderen Ehrenkodex und ihre Organisationsform von den anderen Handwerkern im Speichergewerbe ab – wie etwa den Kistenmachern, den Krügern, den Bendsnidern (Bandschneidern), den Fassholzmachern, Kranziehern, Karrenziehern, Lagerhaltern und Packern. Von diesen waren viele in Zünften organisiert.

Der Versuch, alle Speicherflächen von der HFLG als Lagerflächen zu erwerben, war noch 1885 an der „kleingewerblichen" Struktur der Quartiersmannsfirmen gescheitert. Doch nach dem Umzug der Quartiersleute in den neuen Freihafenbereich zwei Jahre später wuchs Jahr für Jahr ihr Einfluss im Umschlags- und Lagereigeschäft. Viele Namen dieser Kleinunternehmen zierten noch bis vor wenigen Jahren die Fassaden der großen Speicherblöcke. Als nach den Zerstörungen des Zweiten Weltkrieges und dem Wiederaufbau des Hafens am süd-

Die Eingänge in den Speicherblock P am Neuen Wandrahm schmücken Sandsteinplastiken von Speicherarbeitern. Eine besondere Rolle in der Speicherstadt spielten die Quartiersleute, die auch heute noch als „Consorten" firmieren.

Der mächtige Speicher-
block Q und R zwischen
Wandrahmsfleet und
St. Annenufer. Die
Abendsonne taucht die
Ziegelfassaden in einen
tiefen rotgoldenen Ter-
rakottaton.

Speicher am Sandtor-
kai. Ihr Detailreichtum,
die bewegte Dachland-
schaft und die fein ein-
gesetzten dekorativen
Elemente sind es, die in
der Einheit den Reiz der
Speicherstadt ausma-
chen.

lichen Elbufer die Speicherstadt kaum noch von Seeschiffen angelaufen wurde, begann der Stern der Quartiersleute zu sinken. Noch über zwanzig Jahre hatten sie aber großen Einfluss auf die Nutzung der Speicherstadt und deren Verbleib im Freihafengebiet. Ohne die Arbeit der Quartiersleute wäre die Speicherstadt nicht über mehr als siebzig Jahre erfolgreich gewesen.

Kaffee, Tee, Gewürze und später auch Teppiche fanden in den wohltemperierten großen Speicherbauten auch nach Einführung des Containers um 1965 noch hervorragende Lagerbedingungen. Heute bringen Teppichgroßhändler aus vielen Ländern einen Hauch von Orient in das sich langsam, aber sicher umstrukturierende Stadtquartier auf der Kehrwieder-Wandrahminsel.

Nach dem Ende des Zweiten Weltkrieges stand auch der Hafen vor einer gewaltigen Herausforderung. Speicherstadt und Grasbrook waren noch 1944 entscheidend getroffen worden. Fast siebzig Prozent der Speicherflächen waren zerstört oder schwer beschädigt worden. Es grenzt an ein Wunder, dass bereits 1956 der Wiederaufbau des Hafens als weitgehend abgeschlossen gelten konnte. Die Chance zur Modernisierung war erkannt und genutzt worden. Die Speicherstadt hatte eine neue, wenn auch kurze Blüte erlebt und neue Nutzungsschwerpunkte erarbeitet. Dazu gehörte in erster Linie der schrittweise Aufbau eines Kaffeezentrums, dessen Düfte noch heute durch die Fleete und über den Grasbrook ziehen. Die „Kaffee-Lagerei GmbH" N. H. L. Hinsch & Cons. begann 1956 mit der Errichtung des Speichers 6 am Sandtorkai. Entworfen von Stararchitekt Werner Kallmorgen, folgten wenig später Block 7 und 8. Von 1985 bis 1990 entstanden neue große Lagerhallen. Sie machten Hamburg endgültig zum größten Kaffeeumschlagplatz Europas.

Seit Beginn des Jahres 2003 hat sich auch das Bild der Speicherstadt verändert. Nach Öffnung der Zollschranken, die am 1. Januar 2013 ganz gefallen sind, ziehen täglich Tausende von staunenden Besuchern durch das Kehrwieder- und Wandrahmviertel. Nicht nur das Erlebnis der Fleeträume, die Ausblicke von den Brücken und Straßen, sondern auch die neue Vielfalt der kulturellen Angebote zieht Touristen und Hamburger magisch an.

Viele kulturelle Einrichtungen sind in jüngster Zeit entstanden. Das Gewürzmuseum und das Speicherstadtmuseum, das Hamburg Dungeon und die Modelleisenbahn-Weltsensation, das Miniatur Wunderland, sind schnell zu Besuchermagneten geworden. Auch das zum „Informationszentrum HafenCity" umgebaute ehemalige Kesselhaus wird von vielen Menschen aus nah und fern besucht. Es zeigt ein großes Übersichtsmodell von Stadt und HafenCity, bietet Informationen zu Bauprojekten und gibt reichhaltige Erläuterungen zur Geschichte und zu den aktuellen Planungen. Die Teppichgroßhändler haben ihre Lager für interessierte Spaziergänger geöffnet. Das Deutsche Zollmuseum im Ostteil der Speicherstadt, direkt am Zollkanal gelegen, wird schon seit etlichen Jahren von vielen Besuchern aufgesucht. Die Quartiersleute haben Künstlern, Unternehmen der Werbe- und Medienbranche, Architekten und vielen anderen Dienstleistern weitgehend Platz gemacht. Ein großer Speicherblock dient der Aus- und Fortbildung des Bühnennachwuchses. Die „stage studios" haben schnell europaweit Furore gemacht. Das ist gut so, denn es mehrt das Ansehen und die Attraktivität der Metropole.

Eine nächtliche Beleuchtungsinszenierung vom Lichtkünstler Michael Batz gibt Speichern und Brücken eine romantische Akzentuierung. Besonders attraktiv ist der spätabendliche Rundgang mit Fackeln. Ein bekannter Hamburger Kulturführer macht dabei im Gewand eines Nachtwächters des neunzehnten Jahrhunderts bei flackerndem Licht seine Zuhörer mit den Geheimnissen der Speicherstadt vertraut. In den Sommermonaten Juli und August wird der „Hamburger Jedermann" unter freiem Himmel vor den Kulissen der Speicherstadt aufgeführt. Auf diese Weise hat sich innerhalb weniger Jahre die Speicherstadt vom Zolllager zu einem faszinierenden und multikulturellen Stadtteil entwickelt.

Im ehemaligen Kessel-
haus kann an einem de-
tailgetreuen Stadtmodell
die Entwicklung Ham-
burgs und der HafenCity
nachvollzogen werden
(oben).

Das Miniatur Wunder-
land Hamburg in der
Speicherstadt ist die
größte Modelleisen-
bahnanlage der Welt.
Links die St. Pauli-Lan-
dungsbrücken en mi-
niature.

Noch vor Sonnenuntergang wird die Speicherstadt in ihren markanten Bauelementen illuminiert. Besonders schön ist der Blick von der Brücke an der Poggenmühle in Richtung Holländischbrookfleet und Wandrahmsfleet. Für die Inszenierung der Beleuchtung zeichnet der Lichtkünstler Michael Batz verantwortlich.

Vis-à-vis von St. Katharinen, dort wo Neuer Wandrahm und Kannengießerort am Kleinen Fleet zusammentreffen, liegt eines der räumlich und architektonisch interessantesten Ensembles der Speicherstadt. Kein Wunder, denn hier lag die Grenze zwischen dem ersten, bis 1888 fertiggestellten Bauabschnitt der Speicherstadt und den letzten Bauabschnitten, die zwischen 1900 und 1927 realisiert wurden.

Den eindrucksvollsten Raum in der Speicherstadt bilden zweifellos das Kehrwiederfleet und das Brooksfleet, die die Hauptwasserstraßen in der Speicherstadt sind, gesäumt von den sechs gewaltigen Speichern der ersten Bauphase, den Speicherblöcken D, E, G und L, M, O.

Das Kehrwiederfleet im Winterkleid um 1985. Von der Brücke Auf dem Sande wird der Blick von den Speicherkulissen über den Kehrwiedersteg in den Dunst der Hafenelbe geführt.

Prägendes Element der Speicher der zweiten Bauphase sind die halbrunden Treppenhausaustritte. Sie dienten bei Feuerausbruch als Fluchtwege. Hier am Speicher V am Holländischen Brook.

Der Kannengießerort mit den Kaispeichern D am Zollkanal und Q am Wandrahmsfleet. Der Kannengießerort bildet die räumliche Mitte der Speicherstadt. Städtebaulich ist er von besonderer Eigenart und räumlicher Vielfalt mit den zahlreichen Brücken über die hier zusammenfließenden Fleete.

Blick von der Diener-
reihe auf die Speicher-
blöcke S und P am
Wandrahmsfleet bei
Ebbe.

Die enge städtebauliche Verzahnung der Speicherstadt mit der Altstadt jenseits des Zollkanals wird bei diesem Blick von der Pickhubenbrücke zum Kannengießerort auf die Türme von St. Nikolai und St. Katharinen in besonders eindringlicher Weise erfassbar.

Als in den frühen achtziger Jahren des letzten Jahrhunderts in fast allen großen Hafenmetropolen rund um den Erdball erkannt wurde, dass nach Einführung des Containers und mit den damit verbundenen völlig veränderten Flächen- und Standortansprüchen für den Umschlag die historischen Hafenanlagen aus dem neunzehnten Jahrhundert zunehmend brachfielen, entstand vielerorts eine neue städtebauliche Vision: Die Innenstädte sollten die einmalige historische Chance erhalten, sich auf diesen Flächen zu erweitern. Sie sollten die großartige Möglichkeit nutzen, wieder die Ufer der Flüsse zu besetzen, Promenaden am Wasser für ihre Bürger und Besucher anzubieten und neue städtische Fassaden auszubilden. Rotterdam, Liverpool, Amsterdam, London, Vancouver oder New York schufen neue städtische Quartiere auf den brachgefallenen Hafenflächen. Kopenhagen, Bristol, Barcelona und Genua bauten ihre Hafenbecken zu milieureichen Quartieren um.

In der Hamburger Baubehörde wurden zur selben Zeit erste Pläne für den Altonaer Hafenrand und eine HafenCity entwickelt. Sie fanden aber wenig Resonanz bei Politik und Hafenwirtschaft. Die Idee, mit der Speicherstadt und den Flächen des Großen Grasbrooks eine grandiose Ergänzung der Innenstadt zur Elbe hin als HafenCity zu schaffen, kam einem Tabubruch gleich. So traf sie zunächst nicht auf Zustimmung und schon gar nicht auf Begeisterung.

In den Visionen der Stadtplaner konnten auf dem Grasbrook dringend benötigte Flächen für Tausende von Wohnungen, für Kultur-, Sport- und Freizeiteinrichtungen, für eine lebendige Erweiterung der Innenstadt am und im Hafen gewonnen werden.

Hamburgs Stadtplaner mussten aus ihrer Not eine Tugend machen. Ihr Ziel, Hamburgs Innenstadt zurück an die Elbe zu bringen, brauchte politische und öffentliche Aufmerksamkeit. Unter dem Motto „Stadt am Hafen – Hafenstadt" trafen sich im Juni 1985 auf Einladung des damaligen Oberbaudirektors

Im Sommer 1989 wurden die Deichtorhallen mit einem großen Internationalen Bauforum zur HafenCity eröffnet. Zwanzig internationale Architektenteams entwickelten erste Modelle für die zukünftige HafenCity. Darunter auch der Niederländer Kees Christiaanse (Zweiter von rechts), der zehn Jahre später den Architektenwettbewerb für den Masterplan der HafenCity gewinnen konnte.

Architektengruppen aus dem In- und Ausland in der gerade restaurierten Altonaer Fischauktionshalle, um Ideen für die Neugestaltung der „Hafenbereiche im Umbruch" zu erarbeiten. Diese Ideenwerkstatt zur Entwicklung des Hafenrandes erzielte nicht nur bei den Hamburger Politikern erste Wirkung. Es machte Hamburg auch als Metropole mit ungewöhnlicher Planungskultur in vielen europäischen Großstädten bekannt.

Vier Jahre danach wurden die Deichtorhallen mit einem weiteren Bauforum neu eröffnet. Das Thema lautete dieses Mal „HafenCity zwischen Zollkanal und Norderelbe". Im Mittelpunkt der Entwurfsaufgabe stand die Erarbeitung einer Leitidee für einen neuen Stadtteil auf dem Grasbrook. Spätestens seit Ende der achtziger Jahre war deutlich geworden, dass die Hamburger City neue Erweiterungsflächen benötigte. Der Verdrängungsdruck des Bürogewerbes auf die Neustadt hatte stark zugenommen. Die City brauchte Ausbauchancen für den Wohnungsbau, um auch abends nicht weiter zu veröden. Die Antwort darauf konnte nur die HafenCity sein, die Entwicklung eines gemischt genutzten Stadtteils südlich der Speicherstadt.

Erste Bewegung kam in das Thema Speicherstadt und HafenCity, als ein britischer „Global Player" sich beim Finanzsenator als Bauherr und Investor für den Kopf der Speicherstadt an der

Nur einer von zwanzig Entwürfen: das Projekt der Architekten Eberhard Zeitler aus Toronto und Gino Valle aus Udine für den Westteil der HafenCity, September 1989 (oben links).

Im Projekt des Teams um den Amerikaner Michael Graves aus Los Angeles wurde für die HafenCity eine dichte neue „Altstadtbebauung" vorgeschlagen (oben rechts).

Kehrwiederspitze und auf dem Sandtorhöft vorstellte. Die Immobiliensparte von P&O, Peninsula & Overseas, einer der größten Reedereien und eines der größten Logistikunternehmen der Welt, sah die Chance für ein großes Projekt, das durchaus Vorbilder in den Londoner Docklands haben sollte.

Der Planungsraum umfasste alle Flächen westlich des Kehrwiedersteges, an dem das Baugebiet der „historischen" Speicherstadt heute endet. Ohne Zweifel gehörte diese Baufläche zu den attraktivsten am nördlichen Elbufer.

Als es dann acht Jahre später tatsächlich an die Entwicklung der HafenCity ging, konnte man wichtige Erfahrungen aus dem Projekt „Kehrwieder" in die Planung mit einbeziehen. Allerdings blieben die Grundstückspreise und die Vergabepolitik bis heute Gegenstand kritischer Auseinandersetzungen. Wohnungsbau, kulturelle Einrichtungen, qualitätvolle öffentliche Räume für Bürger und Besucher, soziale Infrastruktur brauchen nun einmal bezahlbare Grundstücke und eine Vielfalt an verantwortungsvollen Bauherren und Investoren.

Bemerkenswert an den Planungsüberlegungen für die HafenCity zwischen 1988 und 1992 war auch, dass der Entwicklungsraum zunächst ganz eindeutig auf die Land- und Wasserflächen westlich der Magdeburger Straße ausgerichtet war. Die Gebiete beiderseits des Baakenhafens sollten ausdrücklich für eine Bedarfs- oder Nachfragesituation nach 2010/2015 von Entwicklungsprogrammen und Plänen oder für Olympische Spielstätten frei gehalten werden. Nach den Modellstudien und

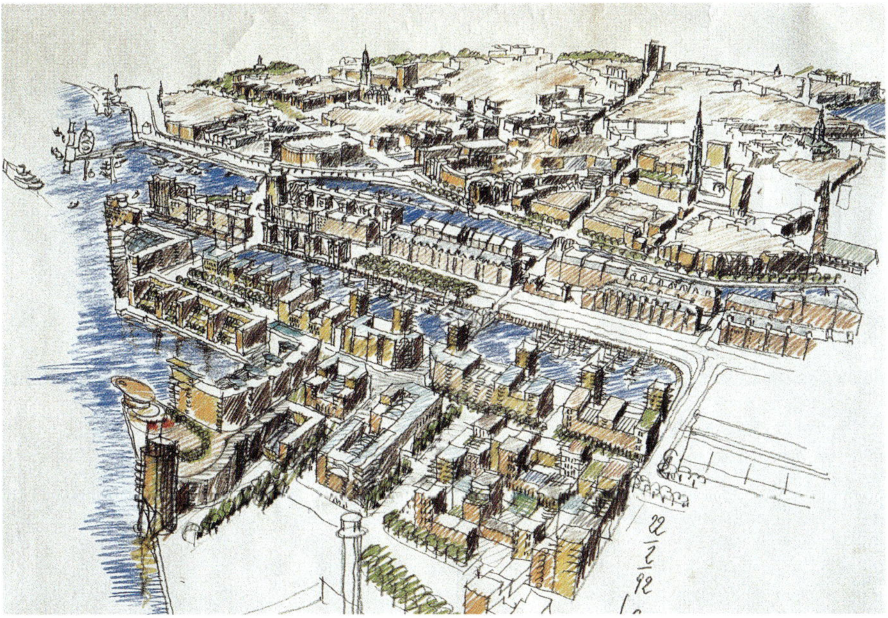

Bereits im Jahre 1992 veröffentlichte der Verfasser einen noch skizzenhaften Entwurf für den Westteil der Hafen-City (oben). Bewusst wurde darin noch der Sandtorkai von einer Bebauung frei gehalten, um die optische Beziehung zwischen Speicherstadt und Hafen-City zu akzentuieren.

Skizze des Verfassers mit der Idee eines Konzert- und Operngebäudes im Sinne der „Sydneyoper", just for fun (rechts).

Das Hanseatic Trade
Center am Sandtorhöft
und der Kehrwieder-
spitze bildet seit Mitte
der 1990er-Jahre nach
langem politischen Rin-
gen den weit in den
Flussraum hinein sicht-
baren Auftakt für die
HafenCity.

Skizzen aus den Jahren 1991/1992 sollte eine kleinteilige, aber in der Raumstruktur homogene städtebauliche Anlage mit relativ hoher „städtischer" Dichte und öffentlichen, nach Westen und Süden auf den Strom ausgerichteten Plätzen und Promenaden entstehen. Aber es dauerte noch fünf Jahre, bis auch für die Öffentlichkeit deutlich wurde, dass Hamburgs damaliger Erster Bürgermeister Dr. Henning Voscherau und der Vorstandsvorsitzende der HHLA sich Schritt für Schritt die Idee einer HafenCity zu Eigen gemacht hatten. Kurz vor der Bürgerschaftswahl im September 1997 kündigte der Bürgermeister an, er beabsichtige, die HafenCity zu bauen. Er hatte alle überrascht, selbst etliche seiner Senatoren. Noch im selben Jahr wurde als Entwicklungsträger die Gesellschaft für Hafen- und Standortentwicklung, GHS, gegründet.

Bereits im Herbst 1998 legte die Stadtentwicklungsbehörde ein detailliert ausgearbeitetes Masterplankonzept vor, das ein deutliches Bekenntnis zur Aufnahme der städtebaulichen Raumstruktur der Hamburger Innenstadt mit ihren Straßen- und Platzräumen, Wasserplätzen und Arkaden, Promenaden und Passagen ablegte. Diese erste Konzeption stellte auch die drei für Kultur- und Veranstaltungsbauten von überregionaler Bedeutung besonders geeigneten Situationen am Sandtorhöft, am Strandhöft und am Magdeburger Hafen heraus. Der Wohnanteil sollte bei sechzig Prozent der Bruttogeschossfläche liegen. Eine Einschienenbahn wie in Sydney oder die „light railway" in den Londoner Docklands sollte Erschließung und Erlebnis der HafenCity gleichermaßen garantieren.

Mit nur leicht veränderter Aufgabenstellung wurde 1999 ein internationaler Wettbewerb durchgeführt. Er brachte allerdings ein wenig stimulierendes Ergebnis. Die Jury hatte eine Konzeption für einen Masterplan ausgewählt, die aus acht städtebaulich völlig unterschiedlich strukturierten Quartieren bestand. Es fehlte allerdings eine Konzeption für eine unverwechselbare Charakteristik. Interpretiert man den aus dem Wettbewerbsergebnis entwickelten Masterplan positiv, so ist das hohe Maß an Offenheit und Flexibilität herauszustellen,

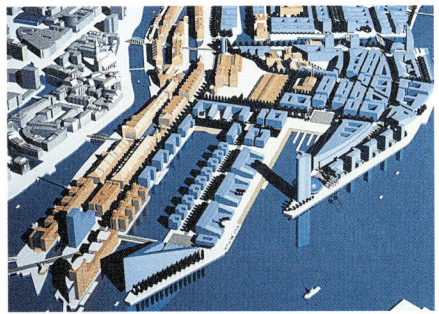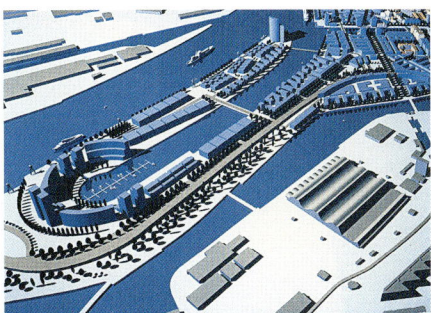

die der Plan für sich ändernde Nutzungsprogramme, Bauherrenwünsche und politische Zielsetzungen bietet. Es bleibt aber die Gefahr einer Beliebigkeit der städtebaulichen Gesamtanlage. Das große Engagement des heutigen Oberbaudirektors Jörn Walter für die Gestaltung der HafenCity wird Früchte tragen. Die am Sandtorkai bereits fertiggestellten Gebäude mit Wohn- und Gewerbenutzung, besonders aber die 2009 abgeschlossene Bebauung auf dem Dalmannkai zeigen eine große architektonische Vielfalt.

Seit dem Jahre 2003 unter Leitung durch den Immobilienfachmann Jürgen Bruns-Berentelg, erhielt die Entwicklungsgesellschaft GHS eine neue Unternehmensbezeichnung: „HafenCity Hamburg GmbH". Damit wurde das Bekenntnis zu einem neuen Stadtteil zwischen City und Hafen bekräftigt. Dies soll nicht heißen, dass zwischen 1998 und 2002 die GHS unter der Leitung von Bernd Tiedemann nicht sehr gute Arbeit geleistet hätte. Das Verdienst von Bernd Tiedemann liegt vor allem in der erfolgreichen Verlagerung der auf dem Grasbrook und am Baakenhafen noch verbliebenen Hafenbetriebe und in der Arrondierung des städtischen Grundbesitzes. Und auch die Ansiedlung des Softwareherstellers SAP auf dem Grasbrook und die Realisierung der ersten Infrastrukturmaßnahmen sind als Leistung besonders herauszustellen.

Das Bürogebäude von SAP am östlichen Kopf des Grasbrookhafens bildete den architektonischen Auftakt für das Bauen in der HafenCity. In seiner dunkelgrau gläsernen Beliebigkeit

Das Masterplanmodell für die HafenCity der Stadtentwicklungsbehörde von 1998 zeigt bereits die Idee einer Philharmonie am Kaiserhöft und einer einheitlich hohen Citybebauung mit großem Wohnanteil und durchgehendem Milieu (oben links).

Der 2006 erneut vom Stadtentwicklungssenator propagierte „Chicagosquare" im Modell von 1997/1998 soll einen markanten städtebaulichen Schlussstein der HafenCity bilden (oben rechts).

stellt es nicht unbedingt ein Vorbild für die zukünftige Architektur des Stadtteils dar. Dies könnten eher einige Wohngebäude am Sandtorkai sein, wie das des Hamburger Architekten Marc-Olivier Mathez vor Speicherblock M und das der Architekten Böge-Lindner vor Block K. Sie nehmen in ihrer Materialität das Thema der Ziegelfassaden der Speicher auf, bieten aber gleichzeitig eine konsequent moderne Architektur mit hoher Wohnqualität. Ganz anders der Bürobau nach dem Entwurf der Architekten Bothe Richter Teherani vor dem Gebäude des ehemaligen Kesselhauses. Hier kommen zur Charakteristik der Speicherstadt deutlich kontrastierende Gestaltungsprinzipien in Stahl und Glas zur Anwendung.

Sehr schön ist seit Ende des Jahres 2008 die neue stadträumliche Wirkung des nun baulich vollständig umschlossenen Sandtorhafens zu erleben. Besonderes Augenmerk verdienen die bewegten Pontons des Traditionsschiffhafens und die von Bewohnern und Besuchern geschätzten Magellan-Terrassen am Ostufer des Hafenbeckens. Entworfen wurden diese öffentlichen Platzräume von den spanischen Architekten Enric Miralles – Benedetta Tagliabue EMBT. Auch die im Jahre 2008 fertiggestellte nördliche Uferpromenade des Grasbrookhafens, der Vasco-da-Gama-Platz und die reich gegliederten Marco-Polo-Terrassen sind auf den Zeichentischen in Barcelona entworfen worden.

Zwei kleine Bauwerke am Ufer der Norderelbe, dort, wo viele Hunderttausende Hamburger und Touristen im Sommer 2004 das nunmehr zweitgrößte, aber zweifellos schönste Passagierschiff der Welt, die Queen Mary 2, bestaunen konnten, erregen weit über Hamburgs Grenzen hinaus Aufsehen. Dies nicht nur, weil sie mit allergeringsten Mitteln erstellt wurden, sondern auch, weil ihre Architektur von ungewöhnlicher Kreativität und großem Einfallsreichtum der jungen Hamburger Architekten Renner Hainke Wirth zeugt. In kürzester Zeit entwarfen sie das vorläufige Kreuzfahrtterminal aus ausrangierten Containern und einen „View Point", einen Aussichtsturm, der einen Rundblick über Hafen, Innenstadt, Speicherstadt und

Kompromisslos, modern und eigenständig in seiner Architektur und Konstruktion ist das Bürogebäude der Architekten Bothe Richter Teherani (links). Es wird in der Bebauung am Sandtorkai zweifellos seine herausragende Position behalten.

Glas- und Stahlarchitektur trifft auf bunte Ziegelkunst an den Wandflächen der Magellan-Terrassen (oben). Die Hamburger Architekten Jan Störmer Partner entwarfen den Firmensitz des Logistikunternehmens Kühne & Nagel, rechts im Bild, in der Bildmitte die Gewerbeimmobilie der Architekten NPS Tchoban Voss.

Der Sandtorhafen, um
1860 Hamburgs erstes
großes Hafenbecken für
den Überseehandel,
heute der erste in der
HafenCity neu entstan-
dene Wasserraum mit
dem Anleger für Tra-
ditionsschiffe.

Fast versteckt liegt der kleine Sandtorpark am Großen Grasbrook (links), dominiert vom eleganten Rundturm der New Yorker Architekten Richard Meier & Partner. Auch das benachbarte Hamburg-Amerika-Center wurde von den amerikanischen Architekten entworfen.

Der Sandtorhafen hat durch die Anlage eines kleinen Traditionsschiffhafens eine besondere Attraktivität erhalten (oben). Die räumliche Einheit von Sandtorpark, den Magellan-Terrassen und dem stets belebten Becken des Sandtorhafens haben die geringe Ausstrahlung von Sandtorkai und Kaiserkai ausgeglichen. Oben die Eröffnung des Anlegers des Traditionsschiffhafens.

Wie der Kopf eines Dinosauriers ragt die Aussichtsplattform des „View Point" am Kreuzfahrtterminal HafenCity in den Abendhimmel. Das skurrile Bauwerk stammt von den Architekten Renner Hainke Wirth und zieht 2013 in den Baakenhafen um. Am Kreuzfahrtterminal liegt die Queen Mary 2 in ihrer ganzen Pracht und Größe.

Die erste Halle des
Kreuzfahrtterminals am
Strandhafen (oben).
Architekten: Renner
Hainke Wirth.

Neuer Kreuzfahrt-
terminal in Altona-Neu-
mühlen, Westansicht
(rechts). Architekten:
Renner Hainke Wirth.

HafenCity bot und 2013 zum Baakenhafen umzieht. Diese beiden Bauwerke waren die Vorboten des im Bau befindlichen Überseequartiers am Magdeburger Hafen. Hier soll eine urbane Mischung aus Kultur, Freizeit, Gastronomie, Hotels, Dienstleistungen, Einzelhandel und Wohnen entstehen. Am Elbufer wird in einigen Jahren ein großes, dann endgültiges Kreuzfahrtzentrum die Traumschiffe aus aller Welt empfangen.

Seit 2002 ist, zunächst durch die erneute Olympiabewerbung, dann unter dem Motto „Wachsende Stadt" Schwung in die Entwicklung der HafenCity gekommen. Von entscheidender Bedeutung wird sicher sein, ob es gelingt, zeitnah ein Wohnmilieu zu schaffen, das die HafenCity als wirklichen Lebensort etabliert und sie nicht wie eine Architekturausstellung wirken lässt. Da können Büro- und andere Gewerbebauten durchaus zunächst einmal an peripheren Standorten entstehen, ja die Büronutzung darf sich im Kernbereich der HafenCity nicht allzu „breitmachen". Sie würde letztlich die Wohnfunktion verdrängen und das Wohnmilieu früher oder später ersticken.

Drei große Aufgaben werden in den nächsten Jahren zuallererst zu bewältigen sein. Bei Licht betrachtet sind es die gleichen Schlüsselaufgaben, die bei jedem großen Stadtentwicklungsprojekt im Vordergrund stehen: eine leistungsfähige, attraktive Erschließung mit öffentlichen Verkehrsmitteln, die frühzeitige Sicherstellung einer sozialen Infrastruktur und der erforderlichen Bildungs- und Versorgungseinrichtungen, die möglichst zügige Fertigstellung eines in sich lebensfähigen Wohnquartiers mit eigenständigem Milieu und spezifischer Identität, das den Ort nach innen und außen unverwechselbar macht.

Von herausragender Bedeutung für die internationale Stellung der HafenCity ist auch die 2003 gefallene Entscheidung für eine Philharmonie auf dem Kaispeicher A anstelle eines modisch verkrümmten Glashochhauses für ein Medienzentrum. Wie die Oper in Sydney oder die Golden Gate Bridge in San Francisco kann die Elbphilharmonie der Schweizer Architekten Herzog & de Meuron zum Wahrzeichen der HafenCity werden. Ihre Eleganz und ihre schwungvolle Silhouette hoch oben über dem strengen Backsteinblock des Kaispeichers A schlagen ein ganz neues stimulierendes Architekturmotiv an, das starke Auswirkungen auf die Weiterentwicklung der Hamburger Baukultur haben wird. Nicht nur die äußere Erscheinung der Philharmonie wird eine besondere Attraktion sein, auch die Akustik der Konzertsäle wird, so ist zu hoffen, von so hoher Qualität sein, dass die besten Dirigenten und Orchester der Welt in Zukunft gern nach Hamburg kommen werden.

Nach viel zu kurzer Planungszeit beschloss die Bürgerschaft mit großer Mehrheit den Bau der Elbphilharmonie, allerdings auf der Basis einer unseriösen Kostenschätzung. Schon im Jahre 2010 zeigte sich, dass auch aufgrund vieler Änderungswünsche des Senats die Gesamtkosten explodierten. Stadt und Bauunternehmen suchen nach einer einvernehmlichen Lösung für die Fertigstellung. Diese wird wohl erst im Jahre 2015 gelungen sein.

Ein anderes Projekt, das für die HafenCity wichtige kulturelle Akzente setzen wird, war dagegen sehr erfolgreich. Der Senat hatte schon 2004 die Idee, für die großartige Sammlung von Peter Tamm zur Schifffahrtsgeschichte den wunderschönen Kaispeicher B, Hamburgs ältestes Speicherbauwerk aus dem Jahre 1878, bereitzustellen. 2008 wurde das in neuem Glanz erstrahlende, innenräumlich von den Hamburger Architekten Markovic Ronai Lütjen Voss Architekten sensibel und elegant gestaltete Internationale Maritime Museum Hamburg eröffnet. Diese großen kulturellen Projekte dürfen natürlich nicht darüber hinwegtäuschen, dass Raum und wirtschaftlich tragbare Voraussetzungen auch für die kleineren Kultur-, Schul- und Sozialeinrichtungen, für die Gastronomie, den kleinteiligen Einzelhandel und die haushaltsbezogenen Dienstleister von der HafenCity GmbH in den Jahren zwischen 2006 und 2010 geschaffen wurden.

Am Kleinen Sandtorpark wurden die HafenCity-Schule und eine Kindertagesstätte im Kontext einer Wohnungsbauanlage

Heute noch eine Vision – bald Realität: der Innenraum des neuen Wahrzeichens der HafenCity, der Elbphilharmonie auf dem Kaispeicher A am Kaiserhöft, nach den Plänen der Schweizer Architekten Herzog & de Meuron, Basel (oben).

Simulation der Ansicht der neuen Elbphilharmonie von Westen (links).

Der prachtvolle Kaispeicher B am Magdeburger Hafen setzte schon 1878 den Maßstab für die Architektur und die Dimensionen der wenige Jahre später entstehenden Speicherstadt. Heute beherbergt das Gebäude die grandiose Sammlung des Hamburger Unternehmers Peter Tamm zur Geschichte der Seefahrt. Im Jahre 2008 wurde das Internationale Maritime Museum Hamburg eröffnet.

errichtet. Ob sich die Konzeption mit dem Pausenhof auf dem Dach nachhaltig bewährt, bleibt abzuwarten.

Die Weichen für die Sicherstellung einer angemessenen Infrastruktur, privater Dienstleistungen und Bildungseinrichtungen sind von der HafenCity Hamburg GmbH gestellt worden. Die HafenCity Universität – Universität für Baukunst und Metropolenforschung – konnte im Jahre 2012 Richtfest feiern und wird wohl 2014 ihren Studienbetrieb eröffnen.

Der Bau der U-Bahn-Linie U 4 von der Station Jungfernstieg konnte mit zwei Stationen 2012 vorerst fertiggestellt werden. Eine Weiterführung der Strecke über die Elbbrücken bis auf den Kleinen Grasbrook südlich der Elbe und weiter nach Wilhelmsburg wird folgen.

Natürlich werden viele Bürger und vor allem Stadtplaner der verpassten Chance einer Hochbahn vom Baumwall bis zu den Elbbrücken nachtrauern. Die aufgeständerte Linienführung hätte einen grandiosen Ausblick auf die HafenCity, auf die Elbe und ihr Südufer ermöglicht und wäre wohl auch deutlich kostengünstiger gewesen. Fast zwanzig Meter tief liegen die Stationen Überseequartier und HafenCity Universität. Sie schaffen mit ihren besonders ausgestalteten U-Bahnhöfen fast futuristisch anmutende neue Zugänge in die HafenCity. Eine moderne Hochbahn, die in einer großen Schleife durch die HafenCity fährt, hätte eine touristische Attraktion und damit ein echter Beitrag zu einer lebendigen Stadt sein können.

Die Jahre 2006 bis 2011 waren für die HafenCity eine Zeit großer, vielfältiger Bautätigkeit am Grasbrook- und am Sandtorhafen. Hier ist der erste Baubabschnitt des neuen Stadtteils in bunter, architektonisch nicht immer hochwertiger Qualität schon als geschlossenes Quartier zu erleben.

Nur der Bau des Überseequartiers ist, wie von vielen Fachleuten erwartet, schon im Jahre 2011 ins Stocken geraten. Die Bauherrengemeinschaft hatte sich übernommen. Das Bauprogramm mit überwiegender Büronutzung war nicht ausreichend durchdacht worden, wie auch die Idee eines großen Einkaufsboulevards von St. Annen bis zum Kreuzfahrtterminal.

Simulation des „leichten Hochbahnsystems", das für die ersten zwei Jahrzehnte von der Stadtentwicklungsbehörde 1998 für die HafenCity vorgeschlagen wurde (links).

Der Ende 2012 eingeweihte U-Bahnhof „HafenCity Universität" der U-Bahn-Linie U 4 (oben).

Was der neue Stadtteil sicherlich nicht braucht, ist ein neues großes Shoppingcenter. Hier soll ein Stadtteil entstehen, in dem sich gesellschaftliches und kulturelles Leben der City weiterentwickeln kann.

Leider fehlen dem bisher fertiggestellten nördlichen Bauabschnitt des Überseequartiers die architektonische Ausstrahlung und die Milieuqualität, die ein solcher Zentralbereich eines neuen Stadtteils benötigt. Hier könnte mit dem zweiten Bauabschnitt mit lebendigen Wohngebäuden für alle Bevölkerungsschichten noch eine Umsteuerung erfolgen. Ein besonderes Wohnmilieu sollte auch von der Bebauung des östlichen Bereiches der HafenCity beiderseits des Baakenhafens bis hin zu den Elbbrücken erwartet werden.

Vielfalt und Kleinteiligkeit, auch der Mut zum Bauen am Wasser und im Wasser wird diesen östlichen Bauabschnitt besonders interessant machen.

Ob nach dem Neubau für den SPIEGEL-Verlag auf der Ericusspitze und dem in seiner Architektur durchaus umstrittenen unförmigen Bürokomplex für Unilever mit einem angegliederten Luxuswohnturm, dem Marco Polo Tower, die HafenCity noch weitere Bürogroßbauten verträgt, sollte sehr kritisch geprüft werden. Beide Gebäudevolumen zeigen, wie schwierig es ist, solche Großbauten in eine städtebauliche Struktur einzufügen, wie sie uns aus der Hamburger Innenstadt vertraut ist.

So attraktiv die öffentliche Promenade am Dalmannkai für die Bewohner und Besucher der HafenCity ist, so reizvoll und gestalterisch aufregend die Plätze am Kopf der Hafenbecken, die Magellan-Terrassen und die Marco-Polo-Terrassen auch wirken, es fehlen die für die Hamburger Innenstadt so typischen städtebaulich gefassten Plätze mit hoher Aufenthaltsqualität und starker städtebaulicher Identität. Das soll die besondere Leistung der spanischen Architekten Enric Miralles – Benedetta Tagliabue EMBT, die bisher die Freiräume der HafenCity gestaltet haben, nicht schmälern.

Es gibt also für das nächste Jahrzehnt vielfältige Chancen, der HafenCity noch eine auch international beachtete Entwicklung

Als architektonischer Höhepunkt und markanter östlicher Eckpunkt der HafenCity ist der Neubau des SPIEGEL-Verlagszentrums auf der Ericusspitze entstanden, gegenüber den Deichtorhallen (oben). Der Entwurf stammt von dem dänischen Architekturbüro Henning Larsen Architects.

Der bisher fertiggestellte nördliche Abschnitt der Einkaufszone im Überseequartier (rechts). Der Gebäudekomplex „Arabica" auf der rechten Straßenseite wurde von den Architekten Trojan + Trojan / Dietz Joppien geplant.

An der neu ausgebau-
ten Nord-Süd-Achse hat
auch die überlebens-
große Bronzeskulptur
des Klaus Störtebeker
ihren Standort gefun-
den (links). Dahinter die
Ostfassade des Übersee-
quartiers mit dem vier-
zehngeschossigen
Wohnturm „Arabica".
Architekten: Trojan +
Trojan / Dietz Joppien.

Der südwestliche Eck-
bau des nördlichen Ab-
schnitts des Übersee-
quartiers, das „Sumatra-
Kontor" (oben). Archi-
tekten: EEA Erick van
Egeraat Associated Ar-
chitects.

Nirgendwo in der HafenCity ist bisher die Vielfalt der Stile und Baumaterialien so ausdrücklich zu erleben wie am Kaiserkai, dem Nordufer des Grasbrookhafens (oben). Links im Bild der elegante Wohnturm am Vasco-da-Gama-Platz, entworfen von Ingenhoven Architekten GmbH, Düsseldorf.

Die auch in der frühen Märzsonne höchst attraktive Promenade am Kaiserkai wird sicher die beliebteste Flaniermeile in der HafenCity werden (rechts).

Die neue Hauptverwaltung des Unilever-Konzerns wirkt vor allem mit ihren konstruktiv interessanten, auf niedrigen Energieverbrauch ausgelegten Fassaden wie ein am Strandkai gelandetes Ufo (links). Den Stuttgarter Architekten Behnisch und Partner verdankt die HafenCity einen vielfach diskutierten Gebäudekomplex (oben): den Wohnturm „Marco-Polo-Tower" und die Deutschlandzentrale des Unilever-Konzerns am Strandkai zwischen Elbe und Grasbrookhafen.

Der Dalmannkai, Hamburgs neue beliebte Hafenpromenade. Im Hintergrund der Luxus-Wohnturm „Marco-Polo-Tower". Architekten: Behnisch und Partner.

zu geben. Voraussetzung dafür ist aber ein eigenständiges städtebauliches Milieu, das gleichermaßen seine Impulse aus der Hamburger Innenstadt wie aus seiner Lage an den historischen Hafenbecken und an der Elbe erhält. Ein weltoffener, moderner Stadtteil soll entstehen, der die besondere Atmosphäre jenes magischen Ortes trifft, an dem Vergangenheit und Zukunft, Sehnsüchte und Fernweh sich mit internationalem Handel und Schifffahrt mischen.

Mit dem weiteren Ausbau der HafenCity wird Hamburg seine Faszination als wohl einzige Großstadt Europas, in der Stadt und Hafen noch eine Einheit bilden, entscheidend stärken können.

Auf der Grundlage des aktuellen Masterplans (Stand Februar 2013) ist in der Simulation sehr schön abzulesen, welche Teile der Hafen-City bereits fertiggestellt sind und welche sich im Bau oder in der Bauvorbereitung befinden.

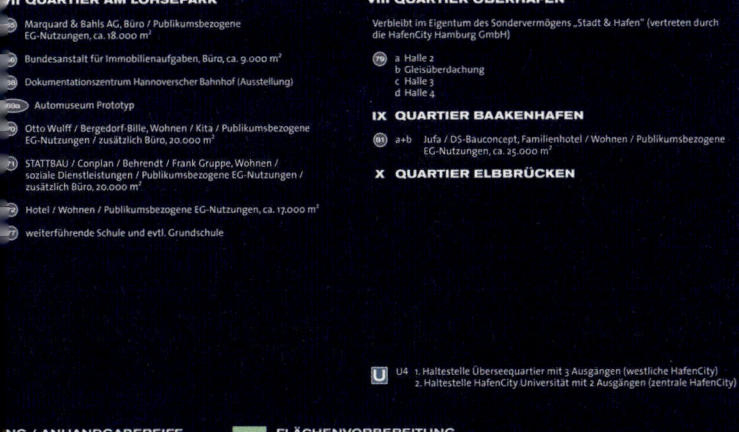

VII QUARTIER AM LOHSEPARK

Marquard & Bahls AG, Büro / Publikumsbezogene EG-Nutzungen, ca. 18.000 m²

Bundesanstalt für Immobilienaufgaben, Büro, ca. 9.000 m²

Dokumentationszentrum Hannoverscher Bahnhof (Ausstellung)

Automuseum Prototyp

Otto Wulff / Bergedorf-Bille, Wohnen / Kita / Publikumsbezogene EG-Nutzungen / zusätzlich Büro, 20.000 m²

STATTBAU / Conplan / Behrendt / Frank Gruppe, Wohnen / soziale Dienstleistungen / Publikumsbezogene EG-Nutzungen / zusätzlich Büro, 20.000 m²

Hotel / Wohnen / Publikumsbezogene EG-Nutzungen, ca. 17.000 m²

weiterführende Schule und evtl. Grundschule

VIII QUARTIER OBERHAFEN

Verbleibt im Eigentum des Sondervermögens „Stadt & Hafen" (vertreten durch die HafenCity Hamburg GmbH)

a Halle 2
b Gleisüberdachung
c Halle 3
d Halle 4

IX QUARTIER BAAKENHAFEN

a+b Jufa / DS-Bauconcept, Familienhotel / Wohnen / Publikumsbezogene EG-Nutzungen, ca. 25.000 m²

X QUARTIER ELBBRÜCKEN

U4 1. Haltestelle Überseequartier mit 3 Ausgängen (westliche HafenCity)
2. Haltestelle HafenCity Universität mit 2 Ausgängen (zentrale HafenCity)

NG / ANHANDGABEREIFE   FLÄCHENVORBEREITUNG

Am Sandtorkai
Der Sandtorhafen mit seinen Kaianlagen ist das erste moderne, künstlich geschaffene Hafenbecken, entstanden im Süden der später erbauten Speicherstadt.

Auf dem Sande
Der Name erinnert an die Geländebeschaffenheit vor den künstlichen Umbaumaßnahmen.

Baakenhöft
Baakenwerder war eine mit dem Grasbrook durch Damm und Baake – ein Seezeichen – verbundene Insel. Die Spitze des Hafenbeckens Baakenhafen trägt den Namen „Höft" (auch „Sandtorhöft").

Bei St. Annen
Der Name erinnert an eine Kapelle, die im Zuge des Baus der Speicherstadt 1896 abgerissen wurde.

Brooktor, Brooktorkai
Ein Brook ist eine feuchte Marschwiese. Die Benennung der Tore („Sandtor", „Deichtor" etc.) verweist auf die van Valckenburgh'sche Befestigungsanlage der Stadt aus den Jahren 1616 bis 1625.

Dalmannkai
Namensgeber war der Hamburger Wasserbaudirektor Johannes Dalmann (1823–1875), während dessen Amtszeit der große Umbau des Grasbrook zum modernen Hafenkomplex mit dem Tidehafen entwickelt wurde.

Dienerreihe
Die Bezeichnung erinnert an Wohnungen, die 1677 vor dem Brooktor für die Diener des Bürgermeisters errichtet wurden.

Ericusbrücke
Die Bastionen der barocken Stadtbefestigung wurden nach den Ratsherren jener Zeit benannt, in lateinisierter Form; hier: Erich Soltow.

Holländischer Brook
Die Bezeichnung erinnert an die seit dem 16. Jahrhundert dort ansässigen Emigranten.

Hübenerkai
Namensgeber war Senator Hermann Albert Hübener (1804–1876), Präses der Schifffahrt- und Hafendeputation, der späteren Deputation für Strom- und Hafenbau.

Jungfernbrücke
Verbindet die Straße Katharinenkirchhof, die früher „Kleiner Jungfernstieg" hieß, mit der Brookinsel.

Kannengießerort
Verweist auf die Berufsgruppe der einst an diesem Ort ansässigen „Kannengießer".

Kehrwieder
Kein Abschiedsgruß, sondern eine Sackgasse soll der Namensursprung gewesen sein.

Kibbelsteg
„Kibbeln" bzw. „sich kabbeln" bezeichnet ein hitziges Wortgefecht.

Kornhausbrücke
Das Kornmagazin zur Vorratshaltung war sowohl bei Belagerungen als auch bei Missernten von großer Bedeutung.

Lohseplatz
Namensgeber war Hermann Lohse (1815–1893), Ingenieur der ersten Elbbrücke.

Magdeburger Straße
Nimmt Bezug auf den Magdeburger Hafen, der vermutlich auf die Binnenschiffsverbindung nach Magdeburg verweist.

Niederbaumbrücke/Oberbaumbrücke
Niederhafen und Oberhafen wurden mithilfe eines „Baumes", der eine schwimmende Sperre an ihrer Einfahrt bildete, geschlossen.

Pickhuben
„Pickhuben" sind „Pechhauben", ihre Verwendung ist allerdings umstritten: entweder für den letzten Weg der Verurteilten zum Richtblock oder für das beim Schiffbau benötigte Pech.

Poggenmühle
„Poggen" sind Frösche, die in Zusammenhang mit einer Mühle wenig Sinn ergeben. Es mag dies eine Verballhornung sein, die aus einer dort bis 1865 stehenden „Poch-" oder „Walkmühle" hergeleitet ist.

Steinschanze
Bezeichnung für die Mitte des 17. Jahrhunderts dort erbaute einstige steinerne Feldschanze.

Stockmeyerstraße
Namensgeber ist Heinrich Christian Meyer (1797–1848), der erfolgreich eine Fabrik von Spazierstöcken führte.

Teerhof
Erinnerung an das 1611 dort errichtete Teermagazin.

Versmannstraße
Namensgeber ist Johannes Versmann (1820–1899), der seit 1877 Bürgermeister der Stadt war und mit Bismarck die schwierigen Verhandlungen um den Zollverbund mit dem Deutschen Reich führte, die den Freihafen und den Bau der Speicherstadt einleiteten.

Neuer/Alter Wandrahm
Die „Wandschneider" (Gewandschneider) hatten vor der Verarbeitung die Tuche zu färben und zu trocknen. Dazu wurden die Tuche auf große feststehende Rahmen gespannt. Seit dem 17. Jahrhundert geschah dies aus Platzmangel außerhalb der Stadtmauern.

Wandbereiterbrook
Bezeichnete einen Teil des Grasbrooks, wo die „Leinwandbereiter" ihre Rahmen aufstellten. Eine kleine Gasse mit diesem Namen wurde ab 1612 bebaut.

*Die folgende Auswahl berücksichtigt kulturelle
Einrichtungen, die in der HafenCity angesiedelt sind.
Meist werden Eintrittspreise erhoben.*

HafenCity InfoCenter im Kesselhaus
Am Sandtorkai 30
20457 Hamburg
Tel. 040/36 90 17 99
Fax 040/36 90 18 16
Öffnungszeiten: Di.–So. + Feiertage 10–18 Uhr,
Mai–Sept. Do. bis 20 Uhr
Ausstellung über die Entwicklung der HafenCity
mit großem Modell und Café. Eintritt frei.

HafenCity Hamburg GmbH
Osakaallee 11
20457 Hamburg
Tel. 040/37 47 26-0
Fax 040/37 47 26 26
E-Mail: info@hafencity.com
www.HafenCity.com
Die HafenCity Hamburg GmbH ist die städtische
Entwicklungsgesellschaft für die HafenCity. Keine
Besuchsadresse, Informationen über die HafenCity
auf der Internetseite, auch Anfragen zum Wohnen
in der HafenCity.

Hamburg Cruise Center HafenCity
Am Ende des Kibbelstegs im Überseequartier legen
die Kreuzfahrtschiffe an. Informationen über die
Anmeldung der Schiffe unter www.hafen-
hamburg.de und www.hamburgcruisecenter.eu

Hamburger Hafen und Logistik AG, HHLA
Bei St. Annen 1, 20457 Hamburg
Tel. 040/30 88-0
www.HHLA.de
Die HHLA ist ein integrierter Logistikdienstleister
mit den vier Geschäftsfeldern Container, Intermo-
dal, Logistik, Immobilien und dem historischen
„Rathaus der Speicherstadt" als Zentrale. Das größte
Unternehmen im Hamburger Hafen leistet beispielsweise rund zwei Drittel des gesamten Contai-
nerumschlags. Seit ihrer Gründung 1885 ist die
HHLA auch für die Speicherstadt verantwortlich –
damals ein modernes Logistikzentrum, heute ein
lebendiges denkmalgeschütztes Quartier.

Der Hamburger Jedermann
von Michael Batz, Theater in der Speicherstadt
Hamburg Art Ensemble
Auf dem Sande 1
20457 Hamburg
Vorverkauf: Tel. 040/369 62 37
Fax 040/36 96 23 93
Die 500 Jahre alte Jedermann-Fabel wird jeden
Sommer im Juli und August vor der wunderschö-
nen Kulisse der Speicherstadt aufgeführt, jeweils
freitags, sonnabends um 20 Uhr, sonntags um
19 Uhr.

Deutsches Zollmuseum
Alter Wandrahm 16
20457 Hamburg (U-Meßberg)
Tel. 040/30 08 76 11,
Fax 040/30 08 76 20
E-Mail: museum@zoll.de
Öffnungszeiten: Di.–So. 10–17 Uhr
www.museum.zoll.de
Zollgebäude der Jahrhundertwende; Zollgeschichte
vom Altertum bis in die Gegenwart, Zollboot
„Oldenburg".

Dialog im Dunkeln
Alter Wandrahm 4
20457 Hamburg
Reservierung erforderlich,
Tel. 040/309 63 40
E-Mail: info@dialog-im-dunkeln.de
Öffnungszeiten: Di.–Fr. 9–17 Uhr,
Sa. 10–20 Uhr, So. u. feiertags 11–19 Uhr
www.dialog-im-dunkeln.de
Ausstellung zur Entdeckung des Unsichtbaren, nur
mit Führung möglich.

Hamburg Dungeon
Kehrwieder 2, Block D
20457 Hamburg
Tel. 040/36 00 55 20
Öffnungszeiten: Jan.–Juni. + Sept.–Dez. täglich
10–18 Uhr, Juli–August 10–19 Uhr,
letzter Einlass eine Stunde vor Schließung
www.the-dungeons.de/hamburg/
Eine Zeitreise durch 2000 Jahre Hamburger
Geschichte, ihre blutigsten Epochen und schreck-
lichsten Szenarien, Erlebnisgastronomie.

Internationales Maritimes Museum Hamburg
Kaispeicher B, Koreastraße 1
20457 Hamburg
Tel. 040/300 923 00
Fax 040/300 923 045
Öffnungszeiten: Di.–So. 10–18 Uhr
www.internationales-maritimes-museum.de
Das Maritime Museum erzählt von 3000 Jahren
Seefahrtsgeschichte, von Segelschiffen und
Maschinenbau, von Piraten und den Marinen der
Welt, vom Handel und der Erforschung der
Meere. Gezeigt werden Exponate, vor allem Schiffs-
modelle, nautische Geräte und Gemälde, aber
auch kostbare kunsthandwerkliche Geschenkartikel
und Souvenirs.
Gastronomie: Restaurant „Meerwein" ab 11.30 Uhr
geöffnet, Café „Kaispeicher B".

Meßmer Momentum
Am Kaiserkai 10
20457 Hamburg
Tel. 040/73 67 900-0
Öffnungszeiten: täglich 11–20 Uhr
www.messmer-momentum.de
Die Firma Meßmer hat eine Tee-Lounge und einen
Tee-Shop eingerichtet. Bei Reservierung können
exklusive Tee-Schulungen gebucht werden.

Modelleisenbahn
Miniatur Wunderland Hamburg
Kehrwieder 2–4, Block D
20457 Hamburg
Tel. 040/300 680-0
Fax 040/300 680-99
Öffnungszeiten: Mo., Mi. u. Do. 9.30–18 Uhr,
Di. 9.30–21 Uhr, Fr. 9.30–19 Uhr, Sa. 8–21 Uhr,
So. u. feiertags 8.30–20 Uhr. Je nach Andrang und
Wetter auch länger geöffnet.
Mit Wartezeiten muss gerechnet werden. Aktuelle
Öffnungszeiten und Ticketreservierung unter
www.miniatur-wunderland.de
Die größte digitale Modelleisenbahn der Welt im
Maßstab 1:87. Fertiggestellt sind Österreich, Knuf-
fingen, Hamburg und die Küste, Deutschland, Ame-
rika, Skandinavien, Schweiz, Knuffingen Airport. In
Planung sind Italien, Frankreich, England und
Afrika.

Prototyp Automobilmuseum
Shanghaiallee 7 beim Lohseplatz
20457 Hamburg
Tel. 040/39 99 69 70
Fax 040/39 99 69 89
Öffnungszeiten: Di.–So. 10–18 Uhr
www.prototyp-hamburg.de
Rund 45 sehr seltene Renn- und Sportwagen der
frühen Nachkriegsjahre können hier entdeckt
werden. Die ständige Ausstellung sowie Sonder-
ausstellungen erzählen und zeigen Spannendes von
den Pionieren der mobilen Kultur, von Personen,
Kraft und Wagen.

Speicherstadtmuseum
Am Sandtorkai 36
20457 Hamburg
Tel. 040/32 11 91
Fax 040/32 13 50
E-Mail: info@speicherstadtmuseum.de
Öffnungszeiten: Di.–So. 10–17 Uhr, April–Okt. zusätzlich Sa., So. u. feiertags 10–18 Uhr
www.speicherstadtmuseum.de
Historischer Lagerboden in der Speicherstadt; privat betriebene Außenstelle des Museums der Arbeit zur Geschichte der Speicherstadt und zur Arbeit in den Lagerfirmen, typische Importgüter, Außenhandel, öffentliche Tee- und Kaffeeverkostungen. Gastronomie: Café „Kaffeeklappe".

Speicherstadt Kaffeerösterei
Kehrwieder 5
20457 Hamburg
Tel. 040/318 161 61
Öffnungszeiten: täglich 10–19 Uhr
www.speicherstadt-kaffee.de
Eine Erlebnisrösterei, in der täglich frische Gourmet-Kaffeeröstungen zubereitet werden, Kaffee eingekauft und getrunken werden kann.

Spicy's Gewürzmuseum
Am Sandtorkai 34
20457 Hamburg
Tel. 040/36 79 89
Fax 040/36 79 92
Öffnungszeiten: Di.–So. 10–17 Uhr, Juli bis Okt. auch Mo. 10–17 Uhr
www.spicys.de
Historischer Lagerboden in der Speicherstadt; Privatmuseum zur Kulturgeschichte der Gewürze.

Gepfefferter Rundgang
Veranstalter: StadtkulTour
Volker Roggenkamp
Informationen:
Tel. 040/36 62 69, Anmeldung erwünscht
www.hamburger-nachtwaechter.de
Termine: für Gruppen ab 15 Personen nach Absprache

Mit dem Nachtwächter unterwegs
Veranstalter: StadtkulTour,
Volker Roggenkamp
Informationen:
Tel. 040/36 62 69, Anmeldung erwünscht
www.hamburger-nachtwaechter.de
Termine: jeden Sa. 20.30 Uhr, März–Okt.
Treffpunkt: U-Baumwall, Ausgang Kehrwiederspitze

HafenCity – Landgang
Veranstalter: HafenCity InfoCenter
im Kesselhaus
Informationen: Tel. 040/36 90 17 99
Anmeldung nicht erforderlich, kotenlos
Termine: jeden Sa. 15 Uhr
Treffpunkt: Foyer des HafenCity InfoCenters im
Kesselhaus, Am Sandtorkai 30

**Speicherstadt – Tradition und Wandel – Rundgang
mit Museumsführung**
Veranstalter: Speicherstadtmuseum
Informationen: Tel. 040/32 11 91
Termine: ganzjährig So. 11 Uhr,
April–Okt. auch Sa. 15 Uhr
www.speicherstadtmuseum.de
Treffpunkt: im Speicherstadtmuseum
(Am Sandtorkai 36)

**Speicherstadt und HafenCity –
Tradition und Zukunftsvision**
Veranstalter: Stattreisen Hamburg
Informationen: Tel. 040/870 80 10-0
www.stattreisen-hamburg.de
Termine: ganzjährig So. 14 Uhr,
Feb.–Nov. auch Mi. 15 Uhr
Treffpunkt: Deichstraße, Ecke Steintwiete

**Betriebsbesichtigungen in der
Speicherstadt, Verkostungen von
Tee und Kaffee, Krimilesungen
und Schmugglerfahrten**
Veranstalter: KULTours
Stiftstraße 16
20099 Hamburg
Informationen:
Tel. 040/28 05 07 08, Fax 040/28 05 07 07
E-Mail: mail@kultours-hamburg.de
Anmeldung erforderlich, am besten über Hompage:
www.kultours-hamburg.de
Termine: Die Verkostungen sind öffentlich, jedoch
unregelmäßig, am besten nachfragen, die anderen
Angebote sind individuell zu vereinbaren.

Altstädter Str.

Burchardstraße

Burchard-
Platz

Depenau

Spingeltwiete

Burchardstraße

Pumpen

Johanniswi...

...-Passage

Klosterw...

Hühnerpos...

Schutzweg

Norderstraße

Rosenallee

Westerstraße

U1 U
STEINSTRASSE

Deichtor-
platz

Amsinckstraße

1 U
MESSBERG

Deichtortunnel

Altländer Straße

Högerdamm

Woltmannstraße

Högerdamm

Amsinckstraße

Sonninstraße

Wand-
rahmsteg

P

Deichtor-
hallen

Högerdamm

Zollkanal

Teerhof

Oberbaum-
brücke

Bankssstraße

Bankssstraße

Urahm

Wasserstofftankstelle

Brookfleet

Poggenmühle

SPIEGEL

Oberhafen-
brücke

Stadtdeich

Ericusgraben

Ericus-
brücke

Lippeltstraße

Doktorhafen

Shanghai
brücke

Stockmeyerstraße

111

Koreastraße

Lohseplatz

nes
urg

Shanghaiallee

Lohseplatz

Hongkongstraße

Nidus / Ökumenisches Forum /
Musikerwohnen

Abriss
(bis 2017)

CITY
HALTIG
PAVILLON
A 8

Greenpeace / designxport / Wohnen

Bodendenkmal

(in Planung)

CITY
BURG
HU

H

Lohsepark
(in Planung)

Baakenbrücke

111

Überseeallee

U U4

 a

RTIER

Magdeburger
Hafen

HAFENCITY
UNIVERSITÄT
(Eröffnung 2013)

U

Versmannstraße

HafenCity
Universität

Science Center
(in Planung)

F

(in Planung)

Brücke Baakenhafen West
(im Bau)

Baakenhafen

(in Planung)

Schuppen 29

(in Planung)

Abriss bei
Neubebau...

Egbert Kossak

1936 in Hamburg geboren und dort aufgewachsen. Freier Architekt und Stadtplaner in Berlin. Ordentlicher Professor für Städtebau an der Universität Stuttgart. Von 1981 bis 1999 Oberbaudirektor der Freien und Hansestadt Hamburg. Freiberuflich als Stadtplaner in verschiedenen europäischen Großstädten tätig. Im Ellert & Richter Verlag erschien von ihm unter anderem der Titel „Hamburg – Metropole an Alster und Elbe".

Bibliografische Information der Deutschen Nationalbibliothek
Die Deutsche Nationalbibliothek verzeichnet diese Publikation in der Deutschen Nationalbibliografie; detaillierte bibliografische Daten sind im Internet über http://dnb.d-nb.de abrufbar.

ISBN 978-3-8319-0512-6

© Ellert & Richter Verlag GmbH, Hamburg
Völlig überarbeitete Neuausgabe 2013

Dieses Werk einschließlich aller seiner Teile ist urheberrechtlich geschützt. Jede Verwendung außerhalb der engen Grenzen des Urheberrechtsgesetzes ist ohne Zustimmung des Verlages unzulässig und strafbar. Dies gilt insbesondere für Vervielfältigungen, Übersetzungen, Mikroverfilmungen und die Einspeicherung und Verarbeitung in elektronischen Systemen.

Text und Bildlegenden: Egbert Kossak, Hamburg
Mitarbeit: Ines-Marita Rüge
Gestaltung: BrücknerAping Büro für Gestaltung GbR, Bremen
Lithografie: ORC Offset-Repro im Centrum, Hamburg
Gesamtherstellung: CPI books GmbH, Leck

www.ellert-richter.de

Bildnachweis

Archiv Ellert & Richter: 9
Archiv Egbert Kossak, Hamburg: 11, 12/13, 17 (alle), 18 (alle), 19 (alle), 20 (alle), 21, 24/25, 26/27, 29, 31, 32/33, 34/35, 42/43, 46/47, 50/51, 52 (alle), 53 (alle), 54 (alle), 55 (alle), 61, 68/69, 77 (alle), Titel li. u., Titel Mitte
Archiv Hamburg Port Authority (ehem. Amt für Strom- und Hafenbau): 36/37, 40/41, 44/45, 57, 65, 66/67, 70/71, 73, 74/75
Michael Batz, Hamburg: 137 li.
Blohm + Voss GmbH, Hamburg: 60 o.
Denkmalschutzamt Hamburg, Bildarchiv: 59, 62 u.
Elbe & Flut, Thomas Hampel: 140 li.
Christoph Gebler, Hamburg: 114/115
HafenCity Hamburg GmbH: 111 u., 132/133 (Michael Korol), 136 li. (Dominik Reipka), 142/143 (lab3 mediendesign), Titel re. u.
Herzog & de Meuron, Basel: 119 (alle), Titel li. o.
Egbert Kossak, Hamburg: 7, 79, 80, 82 (alle), 85 o., 86/87, 88/89, 90/91, 92/93, 94/95, 96/97, 98/99, 100/101, 103, 104 (alle), 105 (alle), 106/107, 109 (alle), 111 o., 112, 113 (alle), 116 (alle), 120/121, 123 (alle), 125 u., 126, 127, 128 (alle), 129 (alle), 130, 136 re. o., 136 re. u., 137 re., 138 (alle), 139 (alle), 140 re. o., 140 re. u., 141, Titel re. o.
F. Laeisz Schifffahrtsgesellschaft: 60 li.
Miniatur Wunderland Hamburg: 85 u.
Staatsarchiv Hamburg: 15, 38, 48, 62 o., 64
Michael Zapf, Hamburg: 125 o.

Titelmotive (von links nach rechts):
Elbphilharmonie (Simulation); Transport von Kaffeesäcken vom Strandkai in die Speicherstadt (historische Postkarte); Zollgrenze bei der Brooksbrücke (historische Postkarte); Speicherstadt mit Kehrwieder- und Brooksfleet; Kreuzfahrtterminal HafenCity (Simulation)